Sergio Bissoli

METAFISICA E METAPSICHICA

A un altro me stesso
affinché ritrovi il cammino
nelle vite successive

METAFISICA E METAPSICHICA
ISBN 978-1-008-97979-6
Febbraio 2022
Editore: Lulu

INTRODUZIONE

"Sono entrato e uscito attraverso tante tombe"
Seth di Jane Roberts

L'uomo comune sfiora solamente le complessità della vita. Questo non vuol dire che egli eviti le complessità, vuol dire che le subisce senza conoscerle.

Di fronte al mistero della Vita e della Morte a chi dobbiamo rivolgerci? Non possiamo fidarci delle religioni organizzate poiché esse proibiscono la ricerca in questo settore.

Prima di tutto dobbiamo decondizionarci, cioè arrivare a zero poichè adesso siamo sotto zero. Poi quando siamo arrivati a zero dobbiamo osservare la Realtà e trarre le nostre conclusioni.

Nessuno nasce libero. L'uomo nasce schiavo di ignoranza, miseria, malattie, parassiti. Anche quello che chiamiamo educazione è solo una rete avvolgente di condizionamenti, convenzioni, superstizioni, obblighi, divieti.

Il ricercatore deve distruggere tutti questi condizionamenti e, sulle loro rovine, costruire la sua vera personalità con la propria visione della Realtà.

Conoscenza vuol dire liberazione. Solo la conoscenza ci rende liberi.

Prima di fare qualsiasi teoria sulla Vita, bisogna osservare la Vita in tutti i suoi aspetti: sani e malati, vecchi e giovani, belli e brutti, fortunati e disgraziati, deboli e potenti…

Stabiliamo una scala di credibilità o validità dei dati raccolti. Fidiamoci delle nostre esperienze ripetute. Fidiamoci meno di una esperienza avvenuta una sola volta nella vita. Fidiamoci ancor meno del racconto di una esperienza di un familiare. Diffidiamo dell'esperienza di un estraneo. Diffidiamo dell'esperienza di un estraneo raccontata a un altro estraneo e poi riferita a noi. Possiamo fidarci degli estranei quando: molti testimoni, che non si conoscono fra loro, concordano nel riferire un fatto; quando il resoconto non è l'apologia di religiosi o politici; né proviene da fonti religiose o politiche.

Diffidiamo dei libri. I testi subiscono traduzioni, contengono errori. Es. Il prof Leo Talomonti nel suo libro Universo Proibito parla di un cimitero napoleonico vicinissimo a Treviso, dove avvengono fatti medianici. Lapidi che si sollevano da sole in pieno giorno e in presenza di testimoni. Nel 1983 circa, sono andato a Treviso e ho chiesto dove si trovava il cimitero napoleonico. Nessuna sapeva niente. Sono andato in Municipio, mi hanno mandato in Biblioteca. Qui mi hanno fatto parlare per telefono a un professore studioso di storia locale. Ebbene, lui non aveva mai sentito parlare del cimitero napoleonico!

Per costruire le nostre teorie abbiamo osservato il Mondo Reale e le nostre esperienze. Quando l'esperienza non era possibile abbiamo seguito l'intuizione e l'analogia. Per costruire le teorie di questo libro non abbiamo dato ascolto né a dogmi,né libri sacri,né autorità religiose.

COSA E' LA VITA

Prima di parlare della Vita osserviamo la vita: vediamo persone che muoiono oltre i 90 anni e altre che muoiono dopo pochi mesi; vediamo sani e malati, ricchi e poveri, re e pezzenti, intelligenti e deficienti, atleti e storpi, geni e subnormali...

Gli Esistenzialisti, dopo queste osservazioni, concludono che la vita è assurda e insensata.

L'altra filosofia opposta è quella degli Spiritualisti. Essi affermano che la vita sembra assurda e insensata perché noi giudichiamo solo un frammento, vediamo solo un fotogramma di una lunga sequenza. Noi vediamo solamente questa vita, ma in realtà ci sono tante vite passate e future ognuna legata all'altra da rapporti e legami. Ogni essere ha vissuto molte vite prima di nascere e vivrà molte altre vite dopo la morte.

E' importante la vita? Se rispondiamo no, allora la vita è inutile e insensata. La vita sembra importante visto gli sforzi che la Natura fa per conservarla. Esempio: disseminazione, istinto di conservazione, di riproduzione.

La domanda successiva è: se la vita è importante perché non è uguale per tutti? Alcuni muoiono giovani, vecchi, bambini, neonati... Si può morire di vecchiaia, di malattia, incidente oppure casualmente. Perchè non tutti muoiono alla stessa età? Perchè non si muore allo stesso modo? Perchè non siamo tutti uguali? Se la vita è importante, se la vita è opera di Dio, essa dovrebbe essere uguale per ogni essere. Ogni essere dovrebbe avere la stessa vita come gli altri: cioè uguale numero di anni a disposizione. Inoltre ognuno dovrebbe avere un corpo uguale a quello degli altri.

Invece vediamo che non è così. Alcuni muoiono vecchi, altri muoiono giovani. Alcuni sono atleti, altri storpi. Alcuni sono intelligenti, altri sono deficienti. Le soluzioni a questo paradosso sono 2: la vita è insensata e inutile oppure esiste la reincarnazione, cioè la possibilità per tutti di svolgere un identico percorso. Allora una vita rappresenta solamente una parte del percorso e ciò spiegherebbe le disuguaglianze delle vite. Con la reincarnazione l'entità continua il suo percorso con un altro corpo, come lo stesso uomo con un altro vestito.

La prossima domanda è: quale è lo scopo della vita? Molte persone non sanno rispondere a questa domanda. Formuliamo allora la domanda in modo più semplice: quale è lo scopo della vita per un bambino? La risposta diventa facile; lo scopo è: crescere, imparare, diventare adulto, arricchirsi spiritualmente, fare esperienze, maturare, evolvere. Lo stesso vale per gli adulti; lo scopo della vita è diventare vecchi, vivere la vita, cioè crescere spiritualmente, maturare, imparare, fare esperienze, evolvere. Vivere la vita e trasmetterla; è uno scopo limitato a qualche milione di anni, non è uno scopo eterno; infatti i figli moriranno, la terra è destinata a finire, il sole come tutte le altre stelle quando è esaurito si spegnerà. Ma possiamo considerarlo ugualmente uno scopo valido, in relazione al futuro immediato.

La prossima domanda è: che cosa significa vivere la vita? Noi abbiamo un corpo bisognoso di nutrimento e un sesso da soddisfare. Dobbiamo soddisfare questi bisogni primari tenendo presente che la mancanza fa provare dolore e l'eccesso fa provare nausea. Inoltre abbiamo un cervello affamato di sensazioni ed emozioni. Se non lo soddisfiamo proviamo noia, se lo soddisfiamo troppo, il corpo prova fatica e dolore. Il cervello è una macchina che invia direttive, a volte giuste a volte sbagliate, e l'io decide se metterle in pratica oppure no. Dunque vivere la vita significa sperimentare, provare, fare esperienze. Senza esagerare naturalmente ed evitando le esperienze dolorose quando è possibile. Notiamo però che una vita beata e tranquilla è una vita superficiale. Con una vita facile e senza bisogni la personalità non evolve e rimane bambina. Con una vita piena di contrarietà, avversità e sofferenze la personalità raggiunge alti livelli di evoluzione.

Ritorniamo alle nostre osservazioni sulla vita. La vita non è uguale per tutti: c'è il sano e il malato, il ricco e il povero, il genio e il deficiente, l'atleta e lo storpio. Perché esistono queste differenze? Una vita unica sarebbe assurda, folle, insensata, proprio come affermano gli esistenzialisti. Se invece ipotizziamo la reincarnazione la risposta è: l'entità cioè la personalità ha la possibilità di sperimentare la realtà in differenti corpi per accrescere l'esperienza. Una entità sceglie, prima di nascere, un corpo deforme per provare quel genere di esperienza. Una entità sceglie una vita difficile (anziché una facile e banale) per impratichirsi, provare, sperimentare. Nell' Oltremondo noi vediamo la vita da un punto di vista diverso di qui. Nell'aldilà vediamo la vita come un osservatore guarda un'opera d'arte, un quadro, e apprezziamo anche le cose che qui disprezziamo: le avversità, le sofferenze, le esperienze singolari e strane. Inoltre le nostre scelte nell'oltremondo sono influenzate dal tipo di karma a nostra disposizione. Debiti e crediti karmici possono venir rimandati ma non annullati.

La domanda successiva è: perché non ricordiamo le nostre vite precedenti? La prima obiezione che la gente fa contro la reincarnazione è questa: "Noi non ricordiamo le nostre vite precedenti, dunque non esistono altre vite". Questo ragionamento assomiglia a quello che si faceva nell'antichità: "La terra è piatta poiché se fosse sferica le persone agli antipodi cadrebbero giù". Però chi osservava le navi nel mare vedeva comparire prima gli alberi e poi lo scafo e da ciò poteva dedurre la sfericità del globo. Così è per la reincarnazione; la vita è importante però molti muoiono giovani. Osservando ciò deduciamo che queste persone torneranno a reincarnarsi per rivivere la vita.

Perché noi non ricordiamo le nostre vite precedenti? Perché la Natura non vuole che le ricordiamo! I ricordi delle vite precedenti sono stati oscurati dalla Natura affinché l'entità si concentri solo su questa incarnazione, affinché l'entità focalizzi solo la vita attuale e la viva intensamente come se fosse l'unica. Però questi ricordi sono sepolti nell'inconscio e dopo la morte l'entità ricorda nitidamente tutte le vite passate, tutte le esperienze provate. Durante la vita l'entità non ricorda le vite precedenti, però questi ricordi sopravvivono come un'eco, come istinto, tendenza passione o avversione.

Durante la vita l'entità non ricorda neppure l'oltremondo da dove proviene. La Natura ci ha oscurato anche il ricordo dell'oltremondo affinché non siamo tentati di sfuggire alla vita, suicidandoci. La paura della morte, dell'ignoto, ci costringe a vivere interamente la vita e non fuggire appena incontriamo la prima avversità. Questa non è una apologia del suicidio. La Natura lavora molto per farci vivere e mantenerci vivi, quindi dobbiamo obbedire alle sue direttive.

La reincarnazione avviene sempre sulla Terra? No, non necessariamente. Nell'universo ci sono miliardi di pianeti in grado di ospitare la vita; si suppone che la reincarnazione avvenga sulla terra o su altri pianeti.

Che cosa significa vivere una buona vita? Significa portare a termine un programma, un disegno, che è differente per ciascuno di noi. Questo programma di vita si intuisce già nell'infanzia, si sente nell'adolescenza, diviene sempre più manifesto nell'età adulta.

Chi ha stabilito il programma? L'entità stessa, prima di nascere, programma le esperienze che desidera compiere durante questa vita. A volte il programma viene svolto interamente, a volte no. Da vecchi comprendiamo dove abbiamo sbagliato, comprendiamo le nostre occasioni sfruttate e quelle perdute. Il vivente nella sua giovinezza sperimenta tutte le sue tendenze; poi da adulto sceglie una tendenza e si dedica solo a quella, escludendo tutte le altre. Nella vecchiaia questa tendenza si è sviluppata e consolidata mentre le altre rimangono sottomesse.

Una vita sola è impensabile. Non è possibile fare tutte le esperienze. In una sola vita non è possibile fare il marito, il fachiro, il poeta, l'artista, l'artigiano, lo scienziato, il medium... Una vita sola è poca. Bisogna avere a disposizione una serie di vite.

La vita, se è unica, con le sue malattie, disgrazie, imperfezioni, dà la nausea e allora hanno ragione gli esistenzialisti. Una vita unica è piena di disarmonie, contraddizioni, assurdità. Con la reincarnazione la vita diviene armoniosa, equilibrata, giusta e comprensibile. Una vita, intesa come il fotogramma di una sequenza molto lunga, diventa non solo sopportabile ma sublime e meravigliosa.

IL PROBLEMA DEL MALE

Tutti gli uomini, in tutte le epoche, hanno ipotizzato l'esistenza di Dio, cioè hanno supposto l'esistenza di un creatore iniziale. Il ragionamento che hanno seguito è questo: tutti gli esseri provengono da uno precedente; io provengo dal padre, mio padre proviene dal nonno, il nonno proviene dal bisnonno... Il primo essere all'inizio della sequenza lo chiamo Dio. (Oppure io provengo da mia madre... e in questo caso si arriva alla Dea.)

Dopo di ciò l'uomo si è chiesto come era Dio e ha seguito questo ragionamento: mio padre mi voleva bene, mi proteggeva, mi nutriva; mio nonno era buono... Dio è anche lui un essere buono. Arrivato a questo punto sorgeva un problema: se Dio è buono allora perché il mondo è cattivo? Perché esistono malattie, miseria, morte? Per conciliare l'esistenza di un Dio buono con la realtà di un mondo cattivo? I filosofi hanno ipotizzato alcune soluzioni. Le esamineremo più avanti.

Adesso osserviamo il Male. La definizione di male cambia con il tempo e con la latitudine, come scriveva De Sade. Male è una parola che rappresenta tante differenti realtà: per un ebreo mangiare carne di venerdì è male; per un mussulmano mangiare carne di maiale è male; per un indù mangiare carne di mucca è male. Noi definiremo questi divieti: tabù religiosi.

Le religioni ci hanno insegnato che il piacere sessuale è male. Questo è completamente falso! Nel Medioevo la religione insegnava che perfino la salute, l'igiene fisica, la conoscenza erano cose malvagie e demoniache. Questo modo di pensare è pazzesco e masochista, ma ci è stato imposto per secoli.

Esiste il male causato dall'uomo: guasti, brutture, inquinamento, violenza, sopraffazioni, torture. Notiamo che tendenze sadiche sono presenti nel subconscio di ogni uomo.

C'è poi la difficoltà di definire il bene e il male, con tutte le sfumature che le circostanze presentano. Esempio: l'affamato che uccide per mangiare, il balordo che uccide per divertimento, l'onesto che uccide per difesa...

Le religioni ci danno una interpretazione del Mondo tutta sbagliata. E per fare questo devono costantemente metterci i paraocchi per impedirci di vedere tutta la Realtà o per mostrarci solo una realtà parziale.

In questo libro diamo la seguente definizione del male: qualsiasi danno o sofferenza alla vita.

Scrive Attila Jozsef, l'impressionante poeta ungherese:

"Io nascondo per te la mia tristezza, mio Dio; io ti amo molto. Se tu fossi strillone di giornali vorrei gridar con te per aiutarti. E se tu fossi, invece, contadino anche allora, mio Dio, ti aiuterei: vorrei perfino bene ai tuoi cavalli, li guiderei con senno, con bravura, e afferrato l'aratro traccerei sulle tue orme il solco: e là dov'è lo sterile, più a fondo spingerei vomere e stiva. Se poi tu fossi a guardia delle vigne io scaccerei metà degli uccellacci; qualunque fosse il tuo mestiere, Dio, farei in modo che tu non faticassi. Poi sorridendo anch'io del tuo sorriso mi metterei, dopo cena, accanto; ti presterei un poco la mia pipa, e poi vorrei parlarti, tanto e a lungo..."

Il Poeta vorrebbe parlare a Dio di cosa? Del problema del male, evidentemente. Per chiedergli il motivo delle brutture, delle malattie, delle nefandezze che infettano questo mondo.

Il male è rappresentato da tutte le malattie fisiche e psichiche: epidemie, peste, colera, lebbra, vaiolo, cancro, pazzia, sifilide.

Parassiti: pulci, cimici, pidocchi, piattole, zecche.

Imperfezioni o handicap: ciechi, storpi, paralitici, omosessuali, spastici, focomelici, idrocefali.

Morti premature: bambini nati morti o morti in giovane età.

La violenza: sopraffazione, tortura, sadismo, furto, omicidio. Dopo questa definizione vediamo che l'uomo non può vivere senza fare il male. Per vivere l'uomo deve mangiare, cioè ammazzare animali. Anche i vegetariani commettono il male poiché anche i vegetali sono organismi vivi. L'uomo evoluto non è mai libero dal male, ma si sforzerà di commetterne il meno possibile.

Adesso prendiamo in considerazione qui solamente il male che è sempre esistito. La presenza di questo male dimostra che Dio non è l'essere perfetto, giusto, buono, onnipotente che ci descrivono le religioni. Se ammettiamo l'esistenza di Dio, egli non ha creato solamente fiori, bei tramonti e farfalle colorate. Egli ha creato anche le cose orrende: peste e colera, pulci e pidocchi, scorpioni e zecche, batteri e virus, bambini morti o deformi... Perché Dio ha creato queste cose? Perché esiste il male?

Per secoli i filosofi hanno cercato la risposta e hanno proposto alcune soluzioni. Esaminiamole brevemente:

Teoria 1 di Zarathustra. L'universo è stato creato da due Dei, di uguale potenza; uno è buono, l'altro è cattivo. Tutte le cose buone derivano dal Dio buono; tutte le cose cattive derivano dal Dio malvagio. I due Dei sono di uguale potenza e si combattono per l'eternità.

L'esistenza di 2 princìpi uguali e contrari è una bella ipotesi. L'esistenza di un Antidio, cioè un Diavolo che ha creato tutte le cose cattive è la spiegazione dei Manichei e dei teologi medioevali che attribuivano al diavolo la creazione di mosche, scorpioni e altre brutture. E' una ipotesi poco probabile. Il male a volte è relativo. Esempio: la peste è una cosa malvagia, però limita la sovrapopolazione e questo è un risultato buono.

Teoria 2 l'Ebraismo. Anche qui esistono due Dei, uno buono e uno cattivo che è responsabile del male. Ma il Dio malvagio ha minor potere del Dio buono. Questa teoria è ancora più improbabile; infatti se il Dio malvagio ha minore potere, perché il Dio buono non lo ha ancora annientato? L'ebraismo afferma poi che il primo uomo ha peccato, cioè ha ascoltato il Dio malvagio, e noi innocenti paghiamo per questo errore. Questa è una ipotesi assurda e puerile.

Teoria 3 Il costruttore si giudica dalla sua opera. Questo mondo è imperfetto dunque il creatore è incompetente. Il mondo è stato creato da un Dio giovane, inesperto che ha commesso molte imperfezioni. Ipotesi possibile. Dio è un essere in evoluzione e questo spiega alcuni errori della creazione. Questa ipotesi ha la variante: Dio è un essere malvagio e sadico, oppure Dio è un essere indifferente e dunque la provvidenza e gli aiuti divini non esistono.

Teoria 4 Dio ha creato solamente i semi di un universo capace di crescere e di evolvere. Dio ha creato il mondo allo stato primitivo cioè iniziale, e le cose si sviluppano e progrediscono da sole. Ipotesi possibile. Assomiglia alla teoria freudiana: il male è la radice del bene. Il bene è il materiale che si ricava raffinando il male. Il male è paragonabile al fuoco di un bruciatore e il bene è paragonabile al tepore del termosifone. Senza il fuoco, il termosifone non scalderebbe. Questa teoria giustifica solo una piccola parte del male. Aivanhov ipotizza che il male sia un materiale di rifiuto, di scarto. Nella costruzione del mondo, il bene sono i mattoni e il male sono le immondizie. Il male è la pattumiera del bene. Ipotesi originale.

Teoria 5   Il creatore crea una creazione perfetta; ma questa creazione è a sua volta creativa e crea creazioni meno perfette e così via. Questo mondo dunque è la fotocopia di una fotocopia di una fotocopia... Teoria di Guardieff e Eliphas Levi.

Teoria 6   Ogni creazione è preceduta da molte brutte copie (come sa bene ogni artista). Anche Dio ha creato molte brutte copie di questo cosmo. Senonchè queste brutte copie non spariscono subito, ma si perpetuano per molto tempo e coesistono insieme alle belle copie.

Teoria 7 Questo mondo è una brutta copia dell'Oltremondo. Nella creazione la brutta copia è indispensabile e sostiene la bella copia. Come lo scrittore prima di ottenere la forma definitiva deve fare molte brutte copie, così Dio (o la Natura) ha la necessità di passare attraverso stadi inferiori, intermedi prima di arrivare alla perfezione. Anche l'uomo è uno stadio intermedio verso qualcosa altro che deve ancora arrivare. Tutte le brutture appartengono agli stadi inferiori dell'evoluzione. Il mondo contiene molte brutture perché è basso. Queste imperfezioni e brutture sono gli stadi attraverso cui passa e si sviluppa la bellezza e l'armonia; come un bambino ignorante è solo lo stadio da cui si svilupperà l'uomo sapiente. Ipotesi probabile.

Teoria 8 Dio ha creato il male allo scopo di avere un confronto. In un romanzo ci sono i buoni e i malvagi, in un quadro ci sono colori chiari e scuri; Dio ha creato il male per ottenere il contrasto, il confronto, per capire l'importanza del bene e del bello. "Senza il buio la luce sarebbe invisibile e incomprensibile" scrive Eliphas Levi. Ipotesi possibile.

Teoria 9 Il male rappresenta ostacoli e problemi da risolvere. Dio ha progettato questo mondo volutamente basso, con imperfezioni, perché esso è una scuola e le avversità sono lezioni da imparare per maturare e progredire. Gli ostacoli stimolano e spingono al superamento. Senza ostacoli, senza niente contro cui combattere, l'umanità non evolverebbe mai. Malattie, disgrazie, handicap, servono per suscitare l'energia necessaria per superarli. Per mali gravi l'uomo suscita molta energia; l'eccesso gli servirà, dopo la guarigione, per superare altri ostacoli.

Teoria 10 Ogni essere paga i debiti e gode i crediti delle precedenti incarnazioni. Teoria induista, buddhista, spiritualista. Ipotesi probabile.

Teoria 11 l'universo è governato da un Dio folle, sadico e malvagio che gode delle sofferenze delll'umanità. Questa teoria è accennata scherzosamente dal filosofo Bertand Russel. Chi, in un momento di depressione, guarda il dolore e le imperfezioni che ci sono nel mondo, arriva facilmente a questa conclusione.

Teoria 12 di Dion Fortune. Il male è lo spazzino di Dio; il male serve per ripulire il mondo da immobilismo e staticità.

Questa teoria può essere parzialmente vera. Ma è insufficiente per giustificare il male in tutta la sua profondità ed estensione.

Purtroppo il Male sulla Terra è ineliminabile, anche se le utopie cristiane e comuniste affermano il contrario. Il male è come il polo di una calamita; se spezziamo la calamita si riformano i due poli. Se eliminiamo tutti i malvagi essi si riformeranno fra i buoni. Se sulla terra esistesse un solo uomo esso sarebbe metà buono e metà cattivo, come afferma la teoria dell'Ombra di Jung.

In conclusione il male (cioè malattie, parassiti) non può essere eliminato completamente; gli uomini non potranno mai liberarsi dal male, gli uomini non potranno mai annientare il male. Gli uomini però devono cooperare per combattere il male, per tenerlo a bada affinché esso non li sopraffaccia, affinché rimanga entro limiti sopportabili. Il male accompagnerà sempre gli uomini ed essi saranno sempre impegnati nella lotta per combatterlo e per eliminarlo.

Lo stesso discorso vale per il male presente all'interno dell'uomo: violenza, sopraffazione, menzogna. Nella maturità gli uomini capiscono che non conviene fare il male. Presto o tardi arrivano i rimorsi per il male che abbiamo commesso. Significa che abbiamo finalmente capito l'importanza del bene. D'ora in avanti faremo il male solo come ultima soluzione di autodifesa. Quando i rimorsi sono eccessivi sforziamoci di riparare e pensiamo che siamo qui apposta per imparare; è meglio avere imparato tardi che mai.

DESTINO O LIBERTA'

L'uomo è libero di agire, di esercitare la propria volontà? Oppure l'uomo è prigioniero dell'ambiente, delle circostanze, che influiscono e determinano le sue scelte? E' un vecchio problema che i filosofi hanno posto per molto tempo: libertà o determinismo?

L'uomo è libero solamente all'interno di uno schema. Noi possiamo muoverci nella direzione voluta, scegliere un percorso o un altro, sfruttare i pregi ed eliminare i difetti, ma non possiamo uscire dallo schema tracciato. Lo schema è un insieme di percorsi all'interno dei quali l'uomo può muoversi e scegliere. I tracciati fondamentali dello schema sono: tendenze, gusti innati, pregi e difetti genetici, ambiente che condiziona il tipo di vita. Nascita, lavoro, amore e morte sono percorsi che consentono poche scelte e che non si possono cambiare.

Noi non siamo il nostro corpo. Il corpo fa la digestione, rinnova le cellule, fa crescere i capelli, si ammala, indipendentemente dalla nostra volontà. Noi non siamo nemmeno il nostro cervello. Il cervello ci fa desiderare una cosa, poi un'altra; ci fa sentire tristi o contenti, ci fa provare passioni, interessi, bisogni e poi ci fa stancare; ci fa provare pensieri, amore, odio, collera, paura, bontà, malvagità... Ecco esempi che dimostrano tutto questo: molte volte ci siamo pentiti dopo che abbiamo fatto una cosa; il nostro cervello ci aveva ordinato di farla e noi abbiamo obbedito. A volte amiamo una persona, altre volte la odiamo, poi torniamo ad amarla...

Il cervello invia costantemente impulsi sottoforma di pensieri, bisogni, esigenze. L'io, cioè la personalità, accoglie o rifiuta le richieste del cervello.

Se lasciamo cadere una pietra essa cade e non sente nulla. Questo perché il minerale obbedisce alle leggi della natura. Un vegetale è più evoluto, ha sensazioni e piccole emozioni. Un animale più evoluto ha sensazioni ed emozioni; egli obbedisce alle leggi della natura ma può anche prendere piccole decisioni. Un uomo più evoluto possiede una maggiore libertà di scelta: può seguire l'istinto e cercare solo cibo e sesso, oppure può scegliere anche la conoscenza, l'arte, la letteratura. Man mano che l'essere sale la scala dell'evoluzione, diventa più libero ed ha maggior possibilità di indipendenza e scelta.

Un uomo evoluto possiede uno schema più ampio e meno rigido. Più un uomo evolve e maggiormente lo schema si allarga e comprende più possibilità.

Dunque ogni uomo nasce con un programma inciso nel profondo del suo io. L'uomo ha una vita soddisfacente se realizza il suo programma (aspirazioni, tendenze) che rappresenta il suo destino. Tutti gli uomini devono scoprire, con l'introspezione e per tentativi, quale è il loro programma. E devono lavorare per realizzarlo il più completamente possibile. Anche se tutto questo può sembrare strano, la Natura ci ha creati così.

L'uomo sarà tanto più felice quanto più riuscirà a realizzare il suo programma. Moltissime persone nascono con un programma semplice, cioè fare figli. Altri uomini nascono con programmi più impegnativi: creare opere d'arte, fare ricerche, invenzioni scoperte, eccetera. Chi nella vita svolge il ruolo per il quale è destinato può usufruire di ispirazione, veggenza, precognizioni dal suo inconscio o dallo Spirito Guida.

Ricordiamo infine che in questa vita raccogliamo i frutti della precedente incarnazione e seminiamo per quella futura.

E' possibile evitare l'avverarsi di un sogno premonitore? Supponiamo che sia un vero sogno premonitore riguardante un brutto avvenimento. E' possibile evitarlo? Possiamo modificare il destino? Fino a che punto siamo liberi?

Esistono varie possibilità. Se è la premonizione di una malattia, non riuscirò a evitarla perché probabilmente i batteri o virus della malattia sono già dentro di me.

Se il sogno riguarda una lite con un familiare, difficilmente riuscirò a evitare la lite, poiché vivendo col familiare prima o poi si produrrà la causa del disaccordo. Posso però stare attento.

Se la premonizione riguarda un incidente di automobile, potrei evitare l'incidente decidendo di vendere l'automobile e di usare solo il treno. Se non prendo questa decisione, la premonizione rimane valida e a me non rimane altro che stare molto attento o diradare l'uso dell'automobile.

In conclusione, il futuro non è rigidamente fissato, però ha alte probabilità di verificarsi.

DOPO LA MORTE

Ogni religione è formata da ingenue ipotesi sull'origine dell'Universo e sul mistero del dopo morte. "Ogni religione deriva da ignoranza e paura" scrive Feuerbach. Ogni religione è la risposta umana al mistero della morte; finchè esisterà questo mistero alcuni uomini inventeranno le religioni le quali si associano al potere e si propagano e perpetuano.

I filosofi per secoli hanno cercato risposte sull'origine dell'universo e sul problema del dopo morte. Le risposte più attendibili sembrano essere i resoconti degli spiritisti.

Non mi fido delle descrizioni dell'oltremondo fatte dalle religioni. Mi fiderei solo di un parente morto, di un parente che conoscevo bene, che durante la vita fosse interessato al problema della morte e che adesso, dopo essersi fatto riconoscere, mi spiegasse cosa c'è dopo la morte. Purtroppo nessun mio parente morto è tornato per riferirmi cosa c'è nell'aldilà, perciò devo accontentarmi delle ipotesi.

Lo Spiritismo o Spiritualismo è un movimento nato in USA nel 1848 per merito delle sorelle Margareth e Kate Fox, e diffuso in Europa attraverso le opere di Allan Kardec. Anche lo spiritismo non risponde in maniera chiara a tutti i nostri interrogativi. A volte le risposte ottenute dai medium sono puerili e banali; a volte sono in contraddizione fra loro. Inoltre le risposte ci arrivano dal resoconto di altre persone o attraverso i libri. Esaminiamo brevemente tutte le ipotesi sul dopo morte. Poiché non sono possibili altre alternative, una di queste ipotesi deve essere necessariamente quella giusta.

Teoria 1 o materialista. Quando il corpo muore e marcisce, la personalità (cioè la coscienza, quella che pensa, quella che sta leggendo adesso, l'entità, la mente) poiché ha sede nel cervello muore e marcisce anche lei. Con la morte tutto finisce e la personalità si spegne per sempre come la fiamma di una candela. E' la teoria materialista. Questa teoria afferma inoltre che Dio non esiste e la vita è nata per caso. Critica: il materialismo sembra una visione dell'universo troppo superficiale. Nella Natura si vede una finalità, uno scopo, una intelligenza. Ad esempio la presenza dei sessi rivela chiaramente lo scopo della riproduzione.

Teoria 2 o spiritualista. La personalità (mente, psichismo, entità) è spirituale non materiale. La personalità non è nel cervello, il cervello è solo uno strumento. Quando corpo e cervello muoiono e si decompongono, l'entità (cioè la mente, la personalità) sopravvive. L'entità è formata di spirito cioè di una materia più rarefatta, invisibile e impercepibile. Questa è la teoria spiritualista. Dopo la morte la personalità sopravvive con tutti i suoi ricordi, sensazioni, emozioni, preferenze, tendenze, conoscenze ed è ancora capace di percepire anche se non ha più i sensi fisici. La capacità di percepire senza i sensi fisici non è un assurdo; ad esempio nel sogno vediamo immagini con gli occhi chiusi e udiamo voci nel silenzio.

Teoria 3 o panteista. Dopo la morte l'entità ritorna a Dio, si riunisce a Dio come la goccia si fonde con l'oceano da cui si era staccata. E' la teoria degli orientali, induisti, buddisti. Questa teoria ipotizza l'annullamento dell'entità, l'annientamento dell'individualità. Mi sembra improbabile. Probabilmente l'entità vedrà Dio ma io non credo che si annullerà in lui. L'entità, l'individualità rimane e non deve annientarsi, dopo tutti gli sforzi che ha fatto per formarsi.

Teoria 4 o ebraica e islamica. Dopo la morte lo spirito (l'entità) va in paradiso o all'inferno a seconda se è stato un seguace della sua religione oppure no. Critica: le immagini del paradiso e dell'inferno sono ridicole. Sicuramente lo spirito non sarà premiato o castigato per aver aderito oppure no alla religione impostagli. Invece, probabilmente, lo spirito godrà o soffrirà a seconda delle azioni buone o cattive che ha compiuto.

Teoria 5 del corpo psichico. Questa teoria, con le sue varianti, è sostenuta da Pietro Ubaldi, Meyrink, Kreemmerz, Ouspensky. Questa teoria afferma che le esperienze della vita servono per costruire un corpo psichico (cioè una entità, personalità, spirito) che sopravviverà alla morte del corpo fisico. Oppure ogni vita crea una sfaccettatura dell'entità che in questo modo si arricchisce. Teoria probabile. Tutti gli esseri nella maturità e nella vecchiaia raggiungono uno psichismo raffinato, cioè una personalità psichica completa che probabilmente sopravviverà al corpo fisico.

Teoria 6 o reincarnazionista. Dopo la morte l'entità soggiorna nell'Oltremondo. Dopo un certo periodo di tempo l'entità torna a reincarnarsi per rivivere una nuova vita, sulla terra o su altri pianeti. E' la teoria della reincarnazione accettata da molti spiritualisti, teosofi, induisti e buddisti. E' una ipotesi probabile.

Questa sono le 6 uniche teorie possibili. Non ne esistono altre ed una deve per forza essere quella vera.

In questo libro esamineremo la teoria spiritualista. Questa pone alcuni problemi.

Perché la morte appare così paurosa e misteriosa? La natura ci rappresenta la morte terribile e spaventosa con lo scopo di tenerci legati alla vita ed evitare che ci suicidiamo. Il suicidio non è mai una soluzione perché ogni vita deve essere vissuta fino in fondo. Ogni vita è paragonabile alla classe di una scuola. Non è possibile saltare le classi; chi si suicida rinascerà e dovrà ripetere la vita interrotta.

Perché noi non ricordiamo l'oltremondo da dove proveniamo? La natura ci ha oscurato il ricordo dell'oltremondo. Lo scopo è quello di farci vivere intensamente questa vita materiale, senza rimpianti, né distrazioni. Inoltre la natura ci ha dato sensi che percepiscono solo uno stretto settore della realtà; con i nostri sensi noi non percepiamo l'oltremondo, così come non percepiamo i microbi, né le galassie.

Perché noi non ricordiamo le nostre vite precedenti? Semplicemente perché la natura ci ha oscurato anche i ricordi delle vite precedenti. Il suo scopo è quello di tenerci focalizzati sulla vita attuale. Affinché noi viviamo intensamente la vita, essa deve apparirci unica e irripetibile. Tutti i ricordi dell'oltremondo e delle vite precedenti non sono andati perduti. Questi ricordi si trovano nella nostra mente inconscia e dopo la morte torneranno a nostra disposizione.

Dopo la morte come diventa la personalità? Dopo la morte la personalità rimane identica a quella che era prima di morire. L'entità non cambia dopo la morte, non diventa onnisciente né onnipotente. Però nell'oltremondo l'entità farà esperienze di differente tipo, farà nuovi apprendimenti e proseguirà l'evoluzione. Le conoscenze non sono mai finite e l'evoluzione continua sempre. Inoltre ha la possibilità di incarnarsi nuovamente sulla terra o su altri pianeti.

Che cos'è uno spirito? Uno spirito è una entità, cioè la personalità di un ex vivente. Lo spirito è fatto di materia meno densa, materia sottile che non si può vedere né toccare né con i sensi né (al presente) con apparecchi scientifici.

Che mondo troveremo dopo la morte? Le ipotesi più probabili sono poche, scartando quelle assurde; ad esempio non troveremo un mondo fatto di formaggio. Ebraismo e islamismo predicano il paradiso per i seguaci della loro dottrina e l'inferno per gli avversari. E' una ipotesi assurda e ridicola.

L'ipotesi spiritualista parla di mondi spirituali, luminosi e colorati. Qui lo spirito ha la possibilità di creare il proprio mondo, il proprio ambiente. (Anche somigliante a quello terrestre). Inoltre gli spiriti possono spostarsi nello spazio e nel tempo.

A questo punto sorge un problema. Poiché l'oltremondo è così piacevole, perché esiste questo mondo con tutte le sue sofferenze e brutture? Questo mondo è la brutta copia dell'oltremondo! Brutta copia deperibile, caduca, piena di difetti ma indispensabile per fare la bella copia. Come l'arte affonda le radici nelle miserie del mondo, così l'oltremondo affonda le radici in questo mondo. Un artista può creare bellezze artistiche in una comunità dove ci sono altri uomini che arano la terra, che seminano e ricavano cibo. Le bellezze della poesia e della letteratura sono possibili in un corpo dove c'è l'intestino che trasforma il cibo in sterco. Le bellezze spirituali dell'oltremondo sono possibili solo se esiste questo mondo materiale con le sue brutture.

L'oltremondo è uguale per tutti? Probabilmente no. L'entità si troverà in un livello a lei adatto, cioè dove si trovano altre entità uguali a lei. Qui l'entità ha la possibilità di vedere la vita passata, di valutarla e proverà sofferenza e rimpianti per le azioni sbagliate e gioia per quelle giuste. Qui l'entità può programmare la sua prossima incarnazione.

Questo mondo è una prigione e le sue sbarre si chiamano: paura della morte, paura dell'ignoto, mistero della morte. Questa non è una apologia del suicidio. Ogni vita deve essere vissuta fino in fondo per portare a termine il compito che le è stato assegnato. I giovani che si suicidano, arrivati nell'oltremondo, rimpiangono di averlo fatto. Il grande poeta Jozsef dopo il suicidio si sarà pentito di non essere riuscito a completare il suo compito, la sua missione sulla terra. Egli si sarà pentito di non avere resistito per terminare il compito che aveva qui tra i vivi.

Dove si trova l'oltremondo? Molto probabilmente esso si trova qui, in mezzo a noi. L'oltremondo si trova nell'universo ma anche qui sulla terra. Gli spiriti sono in mezzo a noi ma non riusciamo a vederli. Essi invece vedono noi.

Riassumendo: lo spiritismo suppone che esista negli uomini una controparte invisibile agli occhi e con gli strumenti. Questa controparte contiene memoria e personalità e la chiamiamo spirito.

Dopo la morte il corpo marcisce; il cervello (che contiene la memoria) marcisce. Sopravvive lo spirito. Con questa parola definiamo qualcosa che contiene memoria e personalità. Sorgono subito i primi problemi: come è fatto uno spirito? Gli animali hanno spiriti? Da dove viene lo spirito, dall'utero, oppure esisteva già prima della nascita?

Nessuno ha mai visto lo spirito; esso non è visibile nemmeno con gli strumenti: microscopi, schermi. Solo nelle sedute medianiche talvolta si è manifestato: l'ectoplasma.

Lo spirito è fatto di materia? La risposta deve essere sì. Ogni cosa è fatta di materia; altrimenti c'è il Nulla.

Lo spirito sarà fatto di una materia sottile, rarefatta più di un gas. Anche la luce è fatta di materia (fotoni). Anche l'elettricità è fatta di materia (elettroni). Ma lo spirito, se esiste, sarà fatto di particelle ancora più piccole e finora sconosciute.

KARMA

Se accosto una fiamma all'alcool esso prende fuoco. Questo si ripeterà per milioni di volte. Se accosto la fiamma all'acqua essa non brucia. Se semino carote raccoglierò sempre carote e mai pomodori. Con questi esperimenti osserviamo che ad ogni causa corrisponde sempre un effetto, sempre lo stesso. In fisica ogni effetto dipende da una causa ed è proporzionato a quella causa. In parole povere noi raccoglieremo sempre quello che abbiamo seminato. E' la legge di causalità, ferrea e implacabile.

Ora perché sembra che la legge di causalità a volte fallisca e non funzioni? Esempi: un operaio lavora per costruire una casa e muore prima di abitarla. Un innamorato corteggia una donna e la donna sposa un altro. Un delinquente semina dolore e rimane impunito. Un artista crea opere d'arte e rimane ignorato.

La presenza di queste discordanze postula l'esistenza della reincarnazione. Uno che ha seminato e non ha fatto in tempo a raccogliere in questa vita raccoglierà nella vita successiva. Dunque la legge di causalità non fa eccezioni, ma a volte ha tempi lunghi. Quando non raccogliamo in questa incarnazione raccoglieremo nelle incarnazioni successive. Così l'operaio quando rinascerà troverà una casa equivalente a quella che aveva costruito. L'innamorato sposerà facilmente la donna che aveva corteggiato. Il delinquente soffrirà senza colpa. L'artista godrà senza apparente motivo. Chi semina raccoglie. E il raccolto è proporzionale al seme, in qualità e quantità. Questa è la legge del karma.

Le persone si lamentano che le cose che desiderano arrivano sempre troppo tardi: denaro, posizione sociale... spesso queste cose desiderate nella giovinezza arrivano quando siamo vecchi e non servono più. E' il sarcasmo della vita, affermano i filosofi, ma forse non è vero. Non c'è nessun sarcasmo; queste cose le seminiamo nella gioventù e le raccogliamo nella vecchiaia.

Una vita è troppo breve, è troppo poca per poter vedere tutte le conseguenze delle nostre azioni, per poter raccogliere tutto quello che abbiamo seminato. La soluzione razionale a questo problema si chiama reincarnazione.

Nella prossima incarnazione l'uomo prosegue il cammino evolutivo, riprende i lavori rimasti incompiuti, assolve gli obblighi assunti.

I desideri irrealizzati per i quali l'uomo ha lavorato durante la vita precedente, ora si realizzano. Nella prossima incarnazione l'uomo trova i risultati dei danni provocati e trova i risultati delle buone azioni rimaste infruttuose. Egli trova i risultati dei sacrifici compiuti, degli amori insoddisfatti, trova tutti i suoi debiti e tutti i suoi crediti. Chi inquina, sporca, fa soffrire, uccide, distrugge... subirà nelle prossime vite le conseguenze delle sue azioni. Chi aiuta, soccorre, crea, semina, fa gioire... raccoglierà nelle prossime vite i frutti di queste azioni.

La legge del karma, o legge di causa ed effetto, ha tempi brevi nel mondo fisico; esempio l'accensione del fuoco. Ha tempi più lunghi nel mondo vegetale; esempio la semina e il raccolto. Ha tempi lunghissimi nel mondo animale; qui gli effetti di una causa impiegano anni per manifestarsi e spesso avvengono nelle successive incarnazioni. Solo dopo molte vite l'equilibrio viene raggiunto, le conseguenze sono proporzionate alle cause e l'uomo raccoglie veramente tutto quello che ha seminato.

Venire al mondo è come entrare in un albergo. Quando andremo via ci verrà chiesto il conto dei danni che abbiamo provocato e ci verrà data la paga per le prestazioni. In questo mondo noi siamo ospiti, siamo come dentro una casa. Dobbiamo stare attenti a non fare molti danni e a comportarci correttamente. Non ci conviene rompere piatti e bicchieri altrimenti poi ci arriverà il conto da pagare. Comportandoci bene e facendo meno danni possibili il conto sarà minimo.

Il male è fuori e dentro di noi ed è inevitabile. Noi non siamo responsabili dei nostri pensieri malvagi come non siamo responsabili dei nostri sogni. I pensieri nascono e muoiono spontaneamente e continuamente nel nostro cervello. La responsabilità incomincia quando tratteniamo il pensiero malvagio, lo consideriamo e decidiamo di trasformarlo in azione.

Ogni scelta, ogni decisione è individuale. Un uomo può decidere di mangiare carne e pagare nelle prossime vite le conseguenze di questa sua scelta. (Ai carnivori però consiglio di visitare i macelli e assistere alle esecuzioni degli animali).

Anche i vegetariani non sono esenti da cattivo karma. Infatti anche i vegetali sono vivi. Questo è il dramma della vita, la quale sussiste perché si nutre di se stessa. I vegetariani però accumulano un cattivo karma inferiore ai carnivori.

Adesso sorge un altro problema. Chi fa il male inconsapevolmente è colpevole? Chi provoca danno e non sa di farlo, dovrà pagare? Sì! Indubbiamente, come dimostra il seguente esempio: due uomini sono su un monte; uno è consapevole che se cade muore. L'altro è un deficiente inconsapevole. Cadono entrambi ed entrambi muoiono.

L'entità può decidere di scaricare il cattivo karma su tutta una vita e allora avrà una vita disgraziata; oppure su un solo settore, esempio: amore, denaro, carriera, salute... e allora sarà sfortunato solo in questo settore.

Esiste il debito karmico per i danni provocati. Esiste il credito karmico per le opere buone costruite. Chi uccide una formica dovrà pagare per questo. Chi aiuta gli animali nella prossima incarnazione verrà aiutato da loro. Chi salva un ragno, un lombrico verrà salvato quando si presenterà l'occasione. Per ottenere credito karmico è più utile sfamare un cane randagio che erigere chiese.

La legge del karma è legge di giustizia, equilibrio e continuità. Ritornata nell'oltremondo ogni entità dovrà rendere conto dei danni fatti in questo mondo. Inoltre l'entità dovrà rendere conto se ha svolto il programma per il quale è nato e vissuto qui. Ogni essere nasce con un programma da svolgere in questo mondo. I programmi sono i più diversi. I più semplici sono: riprodurre i corpi; i più raffinati e complessi sono: creare un romanzo, una musica, un quadro, una statua, fare una scoperta scientifica o altre azioni che accelerano l'evoluzione.

Io suppongo che, dopo la morte, noi vedremo questo mondo. Stando nell'oltremondo noi vedremo le cose che abbiamo fatto qui, con le loro conseguenze buone o cattive, e gioiremo o soffriremo per questo.

Chi aiuta verrà aiutato, chi ferisce verrà ferito. E' la legge del karma. Oltre questo sembra esista una legge di compensazione: ogni evento felice e fortuito, cioè non meritato, non seminato, produrrà un altro evento doloroso, e viceversa. Se ci capita un evento che non abbiamo seminato, ne arriverà un altro opposto per compensazione.

REINCARNAZIONE

Nei cimiteri è consuetudine seppellire i bambini in uno spazio riservato solamente per loro. Così in quella zona si vedono solamente tombe di bimbi e giovani mamme che piangono.

Non era conveniente seppellire i bambini insieme agli altri defunti. La tomba di un bimbo di un anno accanto alla tomba di un vecchio di 98 anni, solleva ardui problemi filosofici e religiosi. I visitatori potrebbero chiedersi: Perchè? Perchè a lui la vita di un anno e all'altro di 98 anni? Che ingiustizia è mai questa?

La teoria della reincarnazione (mai provata e mai confutata) risolve questo problema. Forse la reincarnazione esiste solo per i bambini. Oppure esiste per tutte le vite che rinascono sulla terra o su altri pianeti. Probabilmente la reincarnazione riguarda anche gli animali superiori. Forse anche gli animali inferiori e i vegetali.

Quando osserviamo la vita incontriamo problemi che non è possibile risolvere: bambini morti, sani e malati, geni e deficienti, ricchi e poveri, criminali felici e onesti infelici... Allora ci domandiamo: perché accade questo in un universo regolato e armonioso dove domina la legge di causalità? Non è possibile dare una risposta a questo problema. Una risposta ci sarebbe e si chiama reincarnazione. Se ai dati del problema aggiungiamo questo dato, la soluzione appare immediatamente.

Quando si credeva che la terra fosse piana c'era da risolvere questo problema: perché sul mare si vedevano prima gli alberi e poi lo scafo della nave? Postulando la sfericità della terra il problema veniva risolto. Ma allora sorgeva la domanda: perché gli abitanti degli antipodi non cadono giù? La risposta naturalmente era che esiste la forza di gravità.

La teoria della reincarnazione non è mai stata provata e non è mai stata confutata. Se adottiamo la teoria della reincarnazione e del karma, risolviamo il problema delle disuguaglianze fisiche, mentali e delle morti premature. La reincarnazione forse può risolvere anche il problema delle personalità multiple; ma per ora mancano ricerche approfondite in questo settore.

Ogni essere vivente è dotato di corpo e spirito. Dopo la morte del corpo, lo spirito (l'entità) soggiorna nell'oltremondo. Gli spiriti di vegetali e animali rimangono poco tempo; gli spiriti di uomini rimangono anni o secoli. Gli spiriti di saggi e illuminati rimangono millenni oppure non si reincarnano più.

Trascorso il tempo necessario lo spirito decide di proseguire il suo viaggio nella materia e si reincarna secondo le leggi del karma e secondo il tipo di esperienze che decide di fare. La reincarnazione avviene sulla terra o su altri pianeti del cosmo.

L'ingresso dello spirito nella materia è uno dei pilastri su cui poggia la teoria spiritualista. Ogni tanto nell'oltremondo uno spirito si sente morire e apparentemente muore, cioè viene risucchiato nella materia, discende nella materia. Lo spirito entra nel feto di una donna fecondata. Se la gravidanza non va a termine, se avviene un aborto, lo spirito esce dal feto ed entra nel feto di un'altra donna. Dunque lo spirito non nasce insieme al corpo, poiché egli esiste già nell'oltremondo, prima di incarnarsi. Lo spirito non muore, poiché quando lascia il cadavere ritorna nell'oltremondo.

Perché noi non vediamo i microbi? Perché la natura non vuole che li vediamo. Perché non ricordiamo le nostre vite precedenti? Semplicemente perché la natura non vuole che le ricordiamo.

La natura ci ha oscurato il ricordo delle vite precedenti affinché noi viviamo intensamente la vita attuale. La vita è fatta di stadi o sequenze; esempio: infanzia, giovinezza, innamoramento, vita coniugale, vita adulta, vecchiaia. Ogni stadio noi lo viviamo intensamente come se fosse l'ultimo e l'unico. Analogamente ogni vita noi la viviamo come se fosse l'unica a nostra disposizione. Non si deve trovare strano che la natura ci oscuri i ricordi delle vite precedenti prima di affrontare una nuova incarnazione. Se da bambini conoscessimo la vita con tutte le brutture, le malattie, i possibili disastri noi perderemmo il sapore della scoperta, il meccanismo dell'amore e del sesso non funzionerebbe più.

I ricordi delle vite passate ci sono stati oscurati per non distrarci con altre memorie. Però questi ricordi sopravvivono nell'inconscio e si manifestano sottoforma di tendenze, gusti, avversioni, abilità... Ecco la spiegazione dei bambini prodigio, delle tendenze innate, talenti, passioni, abilità, preferenze...

La reincarnazione spiega le forti attrazioni che esistono a volte fra uomini e animali, cani gatti, uccelli... e anche api, serpenti, scorpioni... Se un uomo si sente attratto irresistibilmente verso una specie animale significa che nella vita precedente egli era un animale di quella specie. Se prova forte odio verso una specie animale significa che nella vita precedente egli ha sofferto molto vivendo come animale di quella specie; oppure significa che è stato ucciso da quel tipo di animale.

La reincarnazione spiega i fenomeni del dejà vu (già visto) o delle attrazioni verso luoghi, città, nazioni dove non siamo mai stati. Probabilmente abbiamo vissuto una precedente incarnazione felice in quei luoghi.

La reincarnazione spiega doti letterarie, musicali, pittoriche, matematiche e altre abilità innate. Probabilmente queste doti si manifestano in quelle persone che le hanno coltivate nelle precedenti incarnazioni. Notiamo poi che poeti, scrittori, filosofi, artisti sono spiriti molto evoluti. Spesso essi provano un debole attaccamento verso le cose materiali poiché portano con sé l'eco del ricordo dell'oltremondo. Col passare degli anni questo ricordo si affievolisce e gli artisti si attaccano alla materialità; così partono tardi alla conquista di denaro, sesso, potere e acquisizioni materiali.

Per tentare di capire chi eri nella precedente incarnazione, che lavoro facevi, in che nazione e in quale epoca vivevi, interrogati: quale abilità innata possiedi? Verso quale paese provi attrazione, nostalgia? Quale epoca storica ti piace di più? Per rintracciare la precedente incarnazione può essere utile esaminare il periodo della infanzia e adolescenza. Durante questo periodo lo spirito riassume le vite precedenti (come la vita del feto) che si manifestano con gusti, tendenze, passioni, carattere...

I legami della vita (parenti, amici, nemici, fidanzate, conoscenze) sono legami molto profondi che si perpetuano durante molte vite.

Ci viene oscurato il ricordo dell'oltremondo altrimenti avremmo troppa nostalgia e alla prima contrarietà gli uomini si suiciderebbero per tornare nell'oltremondo. Ogni vita è paragonabile a una classe scolastica; chi si suicida esce dalla classe, esempio la 3°, e dovrà ritornare ancora nella 3° classe come ripetente. Ogni spirito umano porta nel suo inconscio i ricordi delle esperienze di tutti i corpi vegetali animali e umani, nei quali egli ha viaggiato per arrivare alla vita presente. Dopo che avrà fatto tutte le esperienze possibili con corpi vegetali, animali e umani, lo spirito (entità) proseguirà la sua evoluzione servendosi di corpi spirituali in ambienti spirituali. Cioè corpi e ambienti composti di materia molto più rarefatta di questa.

Ogni spirito prima di nascere sceglie la sua vita e la sua morte. Prima di incarnarsi lo spirito programma la vita scegliendo il genere di esperienze che intende fare. Queste scelte si manifestano come tendenze innate, desideri, passioni verso un certo tipo di esperienza. La vita può disperdere e portare lontano da queste esperienze programmate, ma allora l'uomo si sentirà insoddisfatto e sentirà il bisogno di fare le attività e le esperienze a lui congeniali. Durante il sonno poi, il cervello riprogramma lo schema di tendenze e bisogni.

L'entità programma il tipo di vita e di morte che farà. E' difficile credere che uno scelga una pessima vita fatta di disgrazie, miseria e dolore. E' difficile credere che uno scelga di morire di peste, di cancro o bruciato vivo. Dobbiamo tenere presente però che, stando nell'oltremondo, questa vita appare come un sogno e niente altro che un sogno.

Una vita può essere brutta perché l'entità ha scelto un corpo malato e disgraziato, perché vuole fare le esperienze che solo un corpo disgraziato può permettere. Uno spirito per scopi suoi decide di nascere cieco, sordo, muto poiché ha bisogno di esperienze di questo tipo. Lo spirito programma la vita e si pone degli ostacoli per evitare di andare fuori la strada programmata. Esempio: un pianista per evitare di diventare giramondo decide di nascere senza gambe.

Una vita può essere brutta perché l'entità, prima di nascere, ha scelto determinate caratteristiche (corredo genetico, tipo di famiglia entro cui nascere) e poi da incarnato non è riuscito a sfruttare queste caratteristiche cosicché è prevalso il loro lato cattivo. Esempio: anziché un genio è diventato un criminale, anziché un precursore è diventato un eccentrico.

Una vita può essere brutta perché l'entità, prima di nascere, ha sopravvalutato le sue capacità e poi da incarnato non è riuscito a realizzare il compito che si era imposto.

Una vita può essere brutta a causa di cattivo karma da scontare. Cioè l'entità paga in questa vita i debiti fatti nelle vite precedenti.

Una brutta vita può servire per sviluppare un fortissimo desiderio che si realizzerà poi nella successiva incarnazione. E' lo stesso fenomeno del superamento dell'handicap. Un handicap è un peso che impedisce di fare una vita normale.

Ma se uno riesce a superare il suo handicap, salta molto aldilà della normalità. L'individuo accumula energia per superare il suo handicap, ma ne accumula sempre in eccesso, così supera l'handicap e la normalità. Nella prossima incarnazione salta nella genialità, cioè nella supernormalità.

Una vita può essere brutta poiché l'individuo è incorso nelle sanzioni che lui stesso ha programmato per non uscire dallo schema. Cioè l'entità prima di nascere ha posto la sofferenza come argine per non uscire da un tipo di vita. Durante l'incarnazione egli ha deragliato, è uscito dal percorso ed è caduto nelle punizioni. In questo caso il dolore serve per riportarlo dentro il percorso prefissato. Esempio: una entità programma una vita da scrittore; durante l'incarnazione a 40 anni decide di sposarsi e abbandonare la letteratura. Si ammala poiché ha dirottato. All'ultimo momento rinuncia a una vita normale e ritorna alla letteratura. Guarisce dalla malattia e torna a fare lo scrittore.

Non è possibile una spiegazione uguale per tutti. Ogni vita rappresenta un caso particolare.

Con la parola Spirito intendiamo l'essenza della personalità (memoria, coscienza, gusti, carattere, ecc).

Dove era lo spirito prima della nascita? E' impossibile che fosse in attesa della prima incarnazione. In attesa da tutta l'eternità!

Abbiamo visto che se esiste la reincarnazione lo spirito viaggia nei corpi.

Se non esiste la reincarnazione allora lo spirito non esisteva prima della nascita. Esso nasce, si sviluppa, cresce insieme al corpo. Il corpo fisico produce lo spirito e lo custodisce come dentro una crisalide.

Dopo la morte del corpo cosa succede allo spirito? Si estingue anche lui, oppure sopravvive in una altra modalità di esistenza.

Concludendo il problema del dopo morte presenta tre e solamente tre possibilità.

Eccole: 1 Dopo la morte c'è il nulla, come prima della nascita.

2 Dopo la morte c'è un'altra forma di esistenza, impossibile sapere come sarà. Sicuramente non ci sono inferni, né paradisi né altre buffonate buone solo per i bambini.

3 Dopo la morte c'è la reincarnazione..

Non sono possibili altre alternative; esempio, non può esistere un mondo fatto di formaggio.

EVOLUZIONE

L'entità (spirito, individualità, coscienza) è presente in: vegetali, animali inferiori, animali superiori, uomini selvaggi, uomini evoluti, artisti, filosofi, illuminati. Lo spirito non nasce quando il corpo nasce o viene concepito. Ogni spirito umano è molto antico ed è stato creato milioni di anni fa per compiere il suo lungo cammino nella materia.

La creazione è un evento continuo che non si ferma mai. Dio crea, o emana, spiriti allo stadio primitivo anche adesso. Ogni spirito nuovo è appena sbozzato e deve percorrere il suo lungo cammino dentro alla materia. L'evoluzione degli spiriti probabilmente non si ferma mai.

Lo spirito nasce imperfetto, viene creato imperfetto. Lo spirito passa attraverso gli stadi (minerale?) vegetale, animale inferiore (insetti), animali superiori (cani, gatti,cavalli...) uomo selvaggio, intellettuale, artista, medium, dio inferiore, Dio superiore...

Il feto nei 9 mesi riassume e ripercorre le tappe dell'evoluzione delle incarnazioni animali o subumane. La psiche ripercorre e riassume queste tappe dell'evoluzione nei primi 15 20 anni di vita. Perciò, osservando gusti, tendenze, predilezioni, carattere nei primi 20 anni, uno può farsi un'idea di come era nelle precedenti incarnazioni.

Un bambino con abilità letterarie, musicali, di pittura o lavori manuali si spiega così: nella precedente incarnazione il suo spirito (entità, individualità) ha esercitato e sviluppato queste abilità. Se un bambino ha una forte tendenza e passione significa che: nella precedente incarnazione il suo spirito ha vissuto una vita opposta a questa tendenza e perciò ha sviluppato un desiderio forte che si porta dietro e che tenterà di soddisfare durante questa vita. Riassumendo: l'amore calmo per una qualche attività è sempre l'eco di una vita precedente dedicata a quella attività. La passione frenetica per una attività è il desiderio insoddisfatto, accumulato durante la vita precedente, verso quella attività.

Un desiderio forte e costante durato tutta la vita, si realizza nella successiva incarnazione. E' importante l'accumulo di energia per il desiderio che sfocerà poi nella realizzazione del desiderio. L'accumulo può durare anni oppure tutta una vita. Se uno non è riuscito a ottenere una cosa desiderata tutta la vita, egli la otterrà nella prossima incarnazione. Il desiderio, ripeto, ha bisogno di energia accumulata per potersi realizzare. Si spiegano così alcune vite attraversate da una passione irrealizzata (es. l'amore per la letteratura) alla quale l'uomo non può dedicarsi per impegni di famiglia, lavoro o salute. Quell'uomo nella prossima incarnazione sarà un letterato. Si spiegano così alcune vite di paralitici, storpi, muti, ciechi... La vita handicappata è stata scelta come mezzo per accumulare energia necessaria alla realizzazione di un desiderio.

Prima di nascere lo spirito programma la vita che intende fare, programma le esperienze di cui ha bisogno. Egli programma la vita a grande linee, non nei dettagli. Una vita realizzata è una vita che si avvicina il più possibile al programma iniziale. Malattie o incidenti a volte sono programmati come ostacoli che lo spirito pone per seguire un determinato percorso. Se durante l'incarnazione lo spirito si sposta dal cammino voluto, incontrerà questi ostacoli. Malattie o incidenti possono essere: debiti karmici; ostacoli che l'entità ha posto durante il percorso per evitare di andare fuori strada; desiderio di esperienze particolari.

Scegliere una vita è come scegliere di andare a teatro, o in giostra, o al cinema o alla realtà virtuale. Ognuno sceglie secondo il proprio gusto e il proprio bisogno di esperienze. Lo spirito sa che ogni vita comoda e felice arricchisce poco spiritualmente e l'evoluzione è lenta. Una vita povera, sofferta, piena di avventure, arricchisce e accelera l'evoluzione. Talvolta lo spirito disincarnato sopravvaluta le proprie possibilità e prima di nascere si pone un programma troppo arduo, che poi da incarnato non riuscirà a realizzare.

Vivere la vita significa percorrere il modello precostituito da noi stessi, in maniera il più aderente possibile. Alla fine se i due modelli (quello della vita vissuta e quello programmato prima di nascere) si assomigliano, la vita è stata un successo. Se i due modelli divergono, la vita è stata un insuccesso.

La vita è una scuola dove malattie, disgrazie, avversità, sono compiti, temi, punizioni, problemi da risolvere e da superare. Questo mondo è paragonabile a una scuola. Siamo qui per imparare, migliorare, progredire, cioè evolvere.

Tutte le conoscenze accumulate durante questa vita sono l'unica cosa che porteremo con noi dopo la morte. Nella prossima incarnazione rinasceremo partendo dal livello in cui siamo arrivati in questa vita. La conoscenza acquisita si manifesterà sottoforma di tendenze, abilità, predisposizioni, attrazioni o avversioni.

In ogni vita sembra che l'evoluzione parta da zero. Però gli individui evoluti impiegano poco tempo per raggiungere lo stadio dove erano arrivati nella incarnazione precedente. Le persone più pronte ad accettare l'idea della reincarnazione sono quelle che hanno vissuto molte vite; (Però bisogna tener conto anche del tipo di condizionamento ricevuto nell'infanzia). Dopo molte incarnazioni l'idea della reincarnazione viene sentita come un evento normale e reale.

Le rinascite sono possibili sulla terra o su altri pianeti. Quando le rinascite avvengono sulla terra ritroveremo gli ambienti che abbiamo contribuito a formare. Da questo sorge la necessità di non inquinare, non rovinare l'ambiente, non imbruttire i luoghi nei quali ritorneremo a vivere.

Quando ha completato il ciclo delle reincarnazioni, l'entità rinasce in mondi superiori, mondi spirituali fatti non di materia.

La vita serve per sviluppare lo psichismo, cioè per sviluppare lo spirito che sopravviverà. La vita fisica si trasforma in psichismo, cioè energia spirituale.

Il salire troppo in fretta la scala dell'evoluzione provoca vertigine e sofferenza. Il dolore esistenziale di molti uomini di genio è causato proprio da questo! Essi hanno salito rapidamente la scala dell'evoluzione e sono maturati velocemente. Ciò comporta sofferenza come contropartita.

La letteratura è importante poiché è un surrogato della vita. La letteratura permette di vivere virtualmente più vite così si accelera l'evoluzione e uno ha bisogno di meno rinascite. La letteratura insegna a fare i creatori.

Alcuni rari incarnati si chiamano Avatar. Un grande avatar è l'incarnazione di un Dio. Un piccolo avatar è l'incarnazione di uno spirito molto evoluto, il quale ha concluso il ciclo di incarnazioni sulla terra ma decide di incarnarsi ancora per aiutare gli altri incarnati. Gli avatar sono rari poiché pochi accettano di fare questa esperienza. E' come se uno studente che ha finito l'università decidesse di rifare la scuola elementare per aiutare i bambini. E' come se un uomo decidesse di incarnarsi cane per aiutare gli altri cani.

Il ciclo delle incarnazioni finisce quando lo spirito non ha più nulla da imparare nella materia. Quando l'entità ha completato il ciclo delle incarnazioni non si incarna più. L'entità rinasce in mondi spirituali e qui prosegue la sua evoluzione. Lo spirito (se non sceglie di diventare avatar) rinasce in mondi superiori spirituali, sempre più elevati e perfezionati. Dopo moltissime incarnazioni in mondi materiali e moltissime rinascite in mondi spirituali, diventeremo Dei e creeremo i nostri universi servendoci di tutte le esperienze accumulate.

DIO O GLI DEI

Esistono altri esseri oltre quelli visibili da noi? Con gli occhi vediamo uomini, animali e vegetali. Col microscopio vediamo microbi, batteri e virus. Ma è tutto qui? Esistono altri esseri, superiori o inferiori all'uomo? Se esistono esseri invisibili superiori li chiameremo Spiriti o Dei.

Sul problema di Dio esistono alcune possibilità, o teorie che esponiamo qui:

1 Ateismo: Dio non esiste. Questa teoria afferma che non esiste nessun Dio, nessun creatore, nessun costruttore e l'Universo si è formato da solo. E' una possibilità molto difficile da realizzarsi poiché l'universo e la vita sono organismi molto complessi.

2 Teismo: esiste un Dio che ha dato inizio all'universo. E' una possibilità più probabile. Esiste un Dio, che nessuno ha mai visto, che non sappiamo che forma ha. Sicuramente

non ha le forme sciocche che le religioni usano per raffigurarlo! Dio è una potenza intelligente e creativa. Questa tesi pone il problema di sapere come è nata questa super intelligenza chiamata Dio. Se è impossibile spiegare come si è formata l'intelligenza umana, è ancora più difficile spiegate la genesi di una super intelligenza.

3 Panteismo: Dio è l'universo. Questa teoria afferma che Dio (o una sua parte) si trova in ogni cosa, in ogni animale, in ogni uomo. E' un pensiero poetico ma difficile da accettare. Dio non può sicuramente essere una cimice o un pezzo di sterco.

Ogni creatura proviene da una precedente. Il figlio proviene dal padre, questo proviene dal nonno e così via. Sorge il problema di come sia incominciata la successione delle creature. Chiamiamo Dio (o Creatore) l'essere che sta all'inizio della successione.

Se ipotizziamo che le creature hanno avuto inizio nella materia inanimata, allora non risolviamo il problema ma lo spostiamo più indietro; adesso resta da spiegare chi ha creato la materia inanimata. Presupporre l'esistenza di Dio significa chiarire il problema dell'inizio della serie delle creature, oppure l'inizio della materia inanimata. Presupporre l'esistenza di Dio significa spiegare il problema dell'origine del Cosmo, significa mettere un coordinatore degli eventi al posto del semplice caso.

Chiamiamo Dio il creatore del cosmo. Fin dall'antichità gli uomini hanno ipotizzato l'esistenza di Dio e si sono sforzati di immaginare che forma ha. Se un essere vivente immagina Dio, lo immagina a suo modo: un pesce immagina Dio come un grosso pesce, un gatto come un grosso gatto, un insetto come un grosso insetto, e così via. L'uomo immagina

Dio come un uomo. Ma ogni immagine di Dio è sicuramente sbagliata. Nessuno ha mai visto Dio, quindi nessuno può descriverlo.

Sicuramente Dio non è come viene raffigurato dalle religioni. Dio ha una forma impensabile, come un gas, come una energia intelligente e creativa.

Gli uomini hanno tentato di raffigurare Dio producendo descrizioni e immagini false e ridicole. Noi non sappiamo come è Dio, poiché nessuno lo ha visto. Noi sappiamo però come non è Dio. Non è certamente un vecchio con la barba bianca, perché con quelle braccia non avrebbe potuto creare le galassie. Non è un uomo, né animale, né oggetto. Egli è: una energia possente, intelligente e creativa che ha creato il cosmo. Questa è la migliore definizione che possiamo dare; tutte le altre definizioni sono false e insensate. Forse nell'oltremondo intravedremo Dio. Sicuramente non avrà la forma di un uomo, né di un cane, né di un insetto.

Forse Dio non è un essere perfetto, infinito, onnipotente. Lo stesso concetto di onnipotenza è illogico; se Dio è onnipotente può creare un Dio maggiore di sé? Se non può farlo non è più onnipotente. Probabilmente anche Dio è un essere in evoluzione e le creazioni future saranno migliori di quelle passate.

I problemi che si presentano a colui che vuole ragionare su Dio sono molti e irrisolvibili. Questo è il migliore dei mondi possibili? Sicuramente no; un mondo senza la peste sarebbe stato migliore di questo.

Dio è prigioniero delle leggi fisiche? Dio è prigioniero del suo universo? Dio potrebbe fare un universo con differenti leggi fisiche, dove l'acqua brucia e la benzina spegne le fiamme? Dove gli uomini nascono vecchi e muoiono giovani? Dove il cianuro è cibo e il pane è mortale?

Nessuno sa queste risposte. Di sicuro io non credo ai vaneggiamenti dei teologi medievali che descrivono dettagliatamente Dio, la sua psicologia, i suoi voleri, senza avere mai visto né ascoltato Dio!

In un universo così ricco dove esiste la pluralità di elementi e creature, l'esistenza di un Dio unico e solitario mi pare una assurdità. Probabilmente esiste una moltitudine di Esseri spirituali creativi. Forse esiste una gamma di creatori, dunque esistono molti Dei. Possiamo supporre l'esistenza di più Dei, cioè di più creatori, in collaborazione o in conflitto fra loro. Forse al di sopra di tutti questi esiste un super Dio che coordina.

Resta da risolvere il problema dell'origine di Dio, di come è nato Dio. E' difficile immaginare che Dio sia sempre esistito. Tutte le cose hanno avuto un inizio. L'universo ha avuto un inizio e anche Dio deve aver avuto un inizio. Probabilmente Dio deriva da un altro Dio più antico e meno evoluto. E questo Dio deriva da un altro Dio primordiale e così via in una lunga serie. Allora sorge il problema di come è nato il primo Dio della serie.

Oppure è possibile il processo inverso. Forse Dio rappresenta uno stadio finale, avanzato, evolutissimo della materia. Forse dopo miliardi di secoli la materia diventa rarefatta, spirituale, intelligente, creativa. In questo caso però bisogna affermare che un po' di materia bruta è sempre esistita e non è stata creata dal nulla. Questa teoria afferma che il Cosmo esiste da sempre, increato, fatto di energia e materia in perpetuo scambio. Questo cosmo produce esseri capaci di evolversi. Per mezzo di vita, morte e rinascita;

questi esseri evolvono, attraversando tutti gli stadi: vegetali, animali, uomini selvaggi, uomini superiori, Dei. Gli Dei sono allora il prodotto finale dell'evoluzione. Gli Dei non hanno creato il cosmo, ma il cosmo ha prodotto questi esseri super evoluti chiamati Dei. A loro volta gli esseri evoluti possono creare, su piani a loro inferiori; come un artista crea opere d'arte, un Dio crea nuova materia-energia.

Sono convinto che nemmeno gli spiriti riescono a comprendere completamente la natura di Dio.

Anche per gli spiriti Dio rimane un essere un po' misterioso. Per noi uomini la natura di Dio e la sua origine sono problemi impossibili da risolvere.

Forse Dio non esiste ed è solo un'invenzione dei preti. L'esistenza degli spiriti e l'esistenza di Dio non sono consecutivi. Forse lo spirito può esistere e sopravvivere alla morte, senza la necessità che esista un Dio. In ogni caso angeli, diavoli, paradiso, inferno e limbo sono solo chimere.

Forse non esiste nessun Dio in nessuna parte dell'universo. E noi dovremmo abbandonare l'uso di questa parola. Però esiste una intelligenza sotterranea all'interno della vita. Come sappiamo questo? Lo deduciamo dalla presenza delle finalità presenti in tutti gli esseri viventi: l'istinto di conservazione e di riproduzione. Queste finalità servono per conservare la vita e per perpetuarla. A che scopo? Forse esistono altre finalità ancora da scoprire che spiegano lo scopo di questo immenso lavoro chiamato vita.

RICHIESTE AGLI SPIRITI

Esiste l'interazione fra questo mondo e l'oltremondo. Bisogna scoprire questa possibilità per ottenere aiuti dagli spiriti. Contemporaneamente però bisogna stare attenti a non cadere nella superstizione.

Le folle saranno sempre facili prede delle religioni organizzate. Poiché le folle non vogliono sforzarsi di cercare la verità. Esse vogliono tutte le risposte già pronte, prefabbricate e predigerite!

Ogni uomo sulla terra dovrebbe avere la propria religione, cioè il proprio modo di immaginare Dio, il proprio modo di parlare con lui, il proprio modo di chiedergli favori, il proprio modo di ringraziarlo. Dovrebbero esistere tante religioni quanti sono gli uomini. Ogni religione inventata da altri uomini, impostaci da altri e che va bene per tutti, è una cosa assurda e blasfema.

Dio è dovunque e si può parlare con lui in qualunque posto. Non è necessario andare nel tempio. Il tempio è solo un supporto mentale per l'uomo, è una messinscena fatta dall'uomo per aiutare a ricordarci di Dio. Ma Dio è in qualunque posto e il posto migliore per percepirlo è nella sua Opera, in mezzo alla Natura.

Ogni essere ha il diritto di rivolgersi a Dio, saltando gli stupidi preti intermediari. Io per esempio mi rivolgo spesso a lui: "Che bel tramonto, grazie". A volte litigo con Dio; questa estate ho preso una pulce in stalla e gli ho detto: "Perché hai creato le pulci? Non servono a niente, nessuno le mangia. Perché le hai create? Sei diventato matto? Fanno solo danno, perché le hai create?"

Qualcuno potrebbe obiettare che Dio, simile a un grande capo di stato, è troppo occupato nel gestire l'universo e non ha tempo da dedicare ai nostri piccoli problemi. A chi rivolgersi allora?

Sicuramente è inutile rivolgere le nostre suppliche ai cosiddetti santi e pseudosanti. Questi erano personaggi duri, che facevano una vita dura, dormivano in una caverna, andavano nel deserto, mangiavano radici, si castravano, o si frustavano. Se li avessimo conosciuti li avremmo trovati antipatici. Sono troppo lontani e differenti da noi e con loro è impossibile comunicare. Noi moderni non possiamo capirli, e loro non possono capire i nostri problemi.

E' molto meglio rivolgerci allo Spirito Guida. Chiedete aiuto allo spirito guida (o all'io profondo, l'io interiore, l'inconscio collettivo, Dio o qualsiasi altro nome usate per definirlo). Questo è uno (o più) essere spirituale che ci accompagna e ci aiuta durante tutta l'esistenza. Lo spirito guida ha il compito di aiutarci a risolvere i nostri problemi. Per ottenere il suo aiuto dobbiamo chiederglielo. Se non chiediamo mai nulla egli rimane inattivo per non interferire con la nostra volontà.

Lo spirito guida è felice di aiutarci quando gli chiediamo di risolvere qualche problema. Il suo compito è appunto questo e possiede una grande esperienza per svolgerlo bene. Conviene rivolgerci spesso a lui, e chiedergli il suo aiuto per noi e per i nostri familiari. Più ci rivolgiamo allo spirito guida e più il nostro rapporto si consolida. Noi prendiamo fiducia e i nostri desideri vengono realizzati sempre più spesso.

Nei casi di malattie conviene rivolgersi senz'altro allo spirito guida. Gli spiriti hanno possibilità che noi non possiamo immaginare.

Gli spiriti dei nostri parenti morti ci aiutano, e possiamo rivolgerci anche a loro specialmente se: quando erano in vita ci volevano bene; oppure se avevano interessi uguali ai nostri; oppure se erano di carattere altruista e generoso. Padri, madri, fratelli, sorelle, zie, parenti e amici defunti: nei casi di bisogno rivolgiamoci a quelli che ci hanno amato, a quelli che avevano i nostri stessi gusti e interessi. Essi ci vogliono bene, ci comprendono e ci daranno sicuramente il loro aiuto.

Dopo la morte lo spirito non diventa onnisciente né onnipotente. Lo spirito conserva conoscenze, esperienze e acquisizioni imparate durante la vita, più quelle eventualmente accumulate nelle precedenti incarnazioni. I nostri morti, nei casi difficili, si fanno aiutare da spiriti evoluti, loro compagni nell'oltremondo.

Uno scrittore può rivolgersi a scrittori morti dei quali conosce e ammira le loro opere. Un artista può rivolgersi ad altri artisti morti.

Chi è malato chieda aiuto allo Spirito Guida, per la guarigione. Chi invece ha altri problemi chieda allo spirito guida di intervenire per risolvere il problema nel migliore dei modi. Evitiamo di suggerire noi il tipo di soluzione ideale; infatti la nostra soluzione potrebbe avere conseguenze sgradevoli e indesiderate.

Se la soluzione non arriva immediatamente, non scoraggiatevi. Date allo spirito guida il tempo necessario per risolvere il problema.

Qualche suggerimento. Se dovete prendere una decisione importante non decidete subito, piuttosto rifiutate. Date tempo agli spiriti, o al vostro inconscio, di riflettere e valutare. Lasciate passare alcuni giorni o settimane. Ricordate che il sonno è lo stato migliore per venire ispirati e risolvere i problemi. Quando siete indecisi, quando provate un conflitto fra agire e non agire, scegliete il non agire. Significa che i tempi non sono maturi o c'è qualche dato della situazione che sottovalutate. In futuro la soluzione vi apparirà chiara e conveniente per voi. Quando dovete prendere una decisione importante, assicuratevi che sia d'accordo anche il vostro io profondo. Come si fa a sapere se il vostro io profondo è d'accordo? Esempio: se durante il giorno decidete di fare una cosa e poi di notte quando vi svegliate vi pentite della vostra decisione, allora significa che c'è un conflitto fra il vostro io superficiale e il vostro io profondo. Perciò conviene rinunciare a fare quella cosa.

Chi salva animali e piante riceverà aiuti e protezione dagli spiriti di questi esseri.

Alcune persone hanno visto il loro spirito guida. Io l'ho visto in sogno una volta: era un vecchietto piccolo, curvo, vestito di nero con i capelli biondi. Aveva i modi svelti e il carattere simpatico. Gli spiriti guida cambiano se noi cambiamo i nostri gusti, interessi e attività. Noi attiriamo spiriti guida simili a noi che ci aiutano nel nostro lavoro.

Probabilmente lo spirito vede il nostro mondo materiale. Un defunto vede i suoi cari e li aiuta come può. Lo spirito può agire solo debolmente sulla materia. Però lo spirito può farsi aiutare da altri spiriti simili a lui.

COMUNICAZIONI MEDIANICHE

Bisogna fare molta attenzione nel giudicare i medium e le comunicazioni spiritiche. Gli stessi fenomeni prodotti dai medium si trovano anche negli psicopatici: sdoppiamenti di personalità, fenomeni isterici, conversione di sintomi psichici in mali fisici, pensieri ossessivi, possessioni, personalità multiple e alternanti, idee deliranti. I manicomi sono pieni di persone che vedono gli spiriti, parlano con gli antenati, gli dei, i santi, i marziani.

Quale è il modo per distinguere un medium vero da un pazzo? E' molto difficile fare distinzioni sicure, poiché il medium è una personalità al confine fra il normale e il malato. Possiamo però dividere le comunicazioni spiritiche in 3 gruppi.

Nel primo gruppo le affermazioni del medium sono verificabili; si tratta di predizioni future poi realizzate; descrizioni e visioni extrasensoriali che successivamente si sono dimostrate esatte; conoscenze di fatti importanti (che il medium non poteva sapere) che dopo le verifiche si sono dimostrate autentiche.

Nel secondo gruppo rientrano tutte le comunicazioni senza importanza, generali, non specifiche, valide per chiunque. Esempio: lo spirito di tuo nonno dice che si trova bene. Dice che ha avuto molte tribolazioni nella vita.

Queste informazioni non hanno valore poiché vanno bene praticamente per tutte le persone.

Nella terza categoria rientrano le idee deliranti dei malati di mente. Queste sono affermazioni precise, resoconti di fatti, descrizioni dettagliate che, dopo le verifiche, si dimostrano completamente sbagliate, irreali. Il malato crede nelle sue idee deliranti, ma i fatti e la realtà dimostrano il contrario.

Teniamo presente anche il fenomeno degli spettri inventati. Alcuni ricercatori sono riusciti a creare col pensiero spettri di personaggi inventati e mai esistiti. Questo non dimostra l'inesistenza degli spettri autentici, cioè di ex viventi; dimostra le capacità creative della mente umana. Anche i romanzieri creano personaggi inventati che a volte posseggono grande vitalità, quasi come le persone reali. Esempio Sherlock Holmes.

Se incontriamo uno spettro, ricordiamo che ogni spettro conserva le caratteristiche dell'ex vivente, i suoi gesti, le sue tendenze, preferenza, carattere. Perciò ogni spettro agisce in conformità a queste sue caratteristiche.

Per ottenere le comunicazioni con gli spiriti sono stati inventati vari sistemi: il tavolino a 3 gambe, con attorno alcune persone che posano le mani sulla superficie. Il tavolino con 3 gambe è un mezzo instabile capace di reagire ai movimenti inconsci dei partecipanti.

Il bicchierino capovolto; la tavoletta ouj-ja, posata su un tabellone con le lettere dell'alfabeto. La tavoletta è un oggetto scorrevole capace di percepire i deboli movimenti inconsci dei partecipanti.

La scrittura automatica; il medium tiene una penna in mano e scrive senza pensare a quello che sta scrivendo. Questi sono mezzi soggettivi non affidabili e inoltre possono provocare disturbi mentali, dissociazione di personalità, ossessioni.

Altre comunicazioni possono avvenire per mezzo degli animali; a volte con i loro comportamenti strani cani, gatti o cavalli possono inviarci un messaggio. Un esempio di precognizione: nel 1976 gli animali erano irrequieti poco prima che arrivasse il terremoto.

I mezzi sicuri e affidabili sono quelli oggettivi e cioè: la fotografia di spiriti (escludendo le truffe con doppia esposizione). Le registrazioni di voci o immagini su nastri magnetici.

Dal 1950 con le comunicazioni ottenute col registratore da Jurgenson, Raudive, e per mezzo della televisione da Schreiber, si è aperta una strada nuova: le comunicazioni via radio, TV, registratore, telefono o computer. La scienza che studia questi messaggi si chiama: ITC Instrumental Trans Comunication. Importanti centri di ascolto e visione si trovano in USA, Lussenburgo, Germania.

Gli apparecchi per comunicare con gli spiriti consistono in una sorgente di energia libera e instabile che lo spirito può modulare con deboli interventi. (Gli spiriti possono agire debolmente sulla materia).

Questo tipo di comunicazioni è il più oggettivo, il più affidabile e scientifico (escludendo truffe e burle).

Il più importante centro in Italia è quello di Marcello Bacci a Grosseto. Qui si usa un apparecchio radio scollegato dall'antenna e privo della parte alta frequenza. Durante le sedute si ascoltano voci e messaggi.

Per le comunicazioni video è necessario: un televisore portatile senza antenna e guasto nello stadio alta frequenza; una telecamera che riprende il video e lo manda al registratore. Dopo una seduta di 10 minuti si visiona il nastro registrato.

Altro sistema: mettete una telecamera puntata sull'acqua dentro una bottiglia con la bocca larga. Illuminate la bottiglia e scuotetela leggermente. Durata pochi minuti; poi guardate il video A volte appaiono facce; se assomigliano a un defunto conosciuto dall'operatore, forse possiamo accettarle come una comunicazione spiritica.

Un altro importante settore è la fotografia dei fantasmi. Alcune foto hanno riprodotto immagini, persone, facce non presenti nel momento dello scatto. Le foto a raggi infrarossi sono anche usate per fotografare fantasmi, poiché essi non sono visibili alla luce intensa.

Fra tutte le forme di spiritismo queste sono le più promettenti poiché forniscono documentazioni da studiare e vagliare.

Altre novità: dopo la metafonia (voci registrate) è arrivata la meta visione propagata in Italia da Luigi Cama, Marco Luzzatto.

Con telecamere si registra uno schermo bianco, oppure dell'acqua dentro un vaso. Poi si guarda il filmato fotogramma dopo fotogramma alla ricerca di possibili volti. Attenzione alla pareidolia: fenomeno psicologico che fa intravedere facce o oggetti su semplici macchie informi. Esempio un cavallo nelle nuvole, eccetera.

La Metavisione mi dava grandi speranze perciò nel 2020 ho provato anche io. In cortile, in un pomeriggio di sole, ho fissato una video camera Canon sul cavalletto. Ho riempito un catino di acqua. Ho immerso uno specchio rotondo nell'acqua e, tenendolo per il manico, lo muovevo in continuazione. I riflessi del sole sullo specchio provocavano lampi di luci. Dopo 5 minuti ho riversato il filmato nel computer e usando VLC ho esaminato fotogramma per fotogramma. Nessun risultato.

++++++

La fisica insegna che tutta la Realtà, così come la percepiamo noi, è illusoria. Noi vediamo la luce, ma in realtà esiste la radiazione ottica che il cervello traduce in luce. La luce è una invenzione del cervello, infatti noi vediamo la luce anche durante i sogni. Noi udiamo i suoni ma in realtà esistono onde sonore che l'orecchio traduce in suoni. Il cervello crea i suoni, infatti noi udiamo voci e suoni anche durante i sogni. Noi percepiamo gli oggetti ma in realtà esistono aggregati di molecole, atomi, particelle di energia.

Ci mancano i sensi adeguati per vedere la Realtà nella sua interezza. Con i nostri 5 sensi sperimentiamo solamente una parte della realtà che vista così isolata ci appare incomprensibile. Piacere, dolore, tempo, morte; forse è tutto illusorio e irreale. Il cervello filtra la realtà incanalandola dentro le barriere dello spazio e del tempo.

Però talvolta questa realtà parziale, cioè illusoria, presenta alcuni buchi, lacune, smagliature attraverso le quali riusciamo a vedere quello che sta dietro. I buchi più comuni si chiamano: telepatia o trasmissione del pensiero; chiaroveggenza o visione lontana nello spazio; precognizione o visione lontana nel tempo futuro, riuniti sotto la sigla ESP o extra sensorial perception. Tutti noi abbiamo provato questi fenomeni, almeno qualche volta durante la vita. Io li ho provati circa una decina di volte.

Altre esperienze soggettive: OBE out body experience o viaggi fuori dal corpo; NDE near death experience o esperienze di premorte; sdoppiamenti; bilocazioni; deja vu; capacità di vedere gli spiriti; capacità di vedere l'aura.

Altri fenomeni, più rari, sono stati documentati e fotografati: psicocinesi o movimenti di oggetti col pensiero; materializzazioni di oggetti o spiriti; poltergeist; case infestate.

La presenza di questi fenomeni aprono degli squarci nella realtà parziale e ci mostrano, almeno in parte, il vero volto della Realtà.

Tutti questi fenomeni paranormali, soggettivi o oggettivi, sono chiamati con la sigla PSI (psichico). Alcune persone nascono dotate di maggior PSI in confronto alla normalità. Ma non è giusto chiamare la PSI una dote poiché essa porta con sé molti svantaggi e impedisce una vita normale. E' più giusto chiamarla caratteristica.

Il manifestarsi di qualunque forma di PSI è al di fuori della nostra volontà, cioè la nostra volontà non serve a richiamarla. Questa caratteristica si manifesta quando e come vuole lei. Tutto ciò che noi possiamo fare è creare le condizioni favorevoli al suo manifestarsi.

Le caratteristiche PSI sono innate e devono essere sviluppate con un adeguato tipo di vita. Quando la persona vive un tipo di vita adatto alle proprie tendenze e aspirazioni, allora possono manifestarsi queste caratteristiche. Le aspirazioni sono diverse per ogni persona. Quindi il mistico ha esperienze PSI che lo illuminano sul mistero dell'universo; l'uomo d'affari ha esperienze PSI sottoforma di ispirazioni, scelte giuste per far progredire la sua azienda cosicché egli appare un uomo fortunato; l'inventore ha esperienze PSI che lo aiutano a risolvere problemi scientifici; l'artista ha esperienze PSI che lo ispirano sulle sue opere; l'uomo comune ha esperienze PSI che lo guidano nella ricerca di denaro e sesso.

Gli spiriti aiutano i viventi che sono simili a loro; essi ci aiutano a realizzare i nostri desideri. Gli spiriti ci aiutano con l'ispirazione, con sogni, con facilitazioni nel percorso giusto e difficoltà nel percorso sbagliato, con medium umani, animali o vegetali, con premonizioni, precognizioni, auspici. Gli spiriti ci aiutano servendosi di altri viventi e li ispirano affinché aiutino noi. Noi riceviamo premonizioni sul futuro nostro e dei nostri familiari, premonizioni di incidenti, malattie, morte. Spesso è difficile distinguere un sogno premonitore da un sogno fasullo. Con l'esperienza è possibile distinguerli. Il sogno premonitore si svolge all'alba ed ha una forte carica emotiva.

Nell'oltremondo le capacità PSI sono normali fra gli spiriti. Durante l'incarnazione le capacità PSI si inabissano sotto la soglia della coscienza (insieme ai ricordi dell'oltremondo e delle vite precedenti) e non sono gestibili dalla volontà. Le capacità PSI emergono talvolta spontaneamente in alcuni individui e in certi momenti della vita. Le esperienze PSI sono più o meno comuni a tutti. Forse questa caratteristica si manifesta maggiormente in spiriti antichi, cioè molto evoluti, con una lunga serie di incarnazioni.

Se esiste la possibilità di comunicare con gli spiriti il problema è: come comunicare? Gli uomini hanno creato codici che richiedono poca energia da parte degli spiriti. Fin dall'antichità gli uomini ricavarono risposte osservando la Natura e i suoi fenomeni. Sono i pronostici, gli auspici, i presagi. E' questa la soluzione migliore, specialmente quando i presagi sono chiari e ripetuti: sogni premonitori, avversità che invitano ad abbandonare un'impresa, facilitazioni che invitano a proseguire.

Esiste il pericolo di cadere nella superstizione. La superstizione è agire secondo presunte risposte fasulle e sbagliate, risposte dettate dal caso e non da spiriti intelligenti.

Dobbiamo imparare a distinguere il sogno premonitore dai sogni comuni. Dobbiamo imparare a distinguere l'ispirazione dai pensieri comuni.

Medium si nasce. Il medium può accrescere la sua medianità. Il non-medium non può impararla e neppure gli conviene perché è pericoloso. La medianità creata dalla natura è fatta bene. La medianità creata dall'uomo (tavoletta ouija, scrittura automatica, ecc.) è imperfetta e pericolosa perché può provocare dissociazioni, ossessioni, possessioni.

Le comunicazioni dall'oltremondo avvengono frequentemente e periodicamente. Non sono i messaggi dall'oltremondo che mancano, manca l'organizzazione per diffondere questi messaggi in maniera corretta e cristallina. Moltissimi messaggi vengono ignorati; gli altri vengono diffusi da giornalisti incompetenti in maniera distorta o parziale.

Le religioni ostacolano questa conoscenza, poiché la religione (dal latino "religio" raccogliere, conservare) è una raccolta di norme, azioni, rituali. Talvolta la religione è la cristallizzazione di una vecchia comunicazione spiritica, scorretta e distorta da traduzioni e interpretazioni. Una religione è principalmente una organizzazione che diffonde una comunicazione del passato ed esclude tutte le altre avvenute in tempi e luoghi diversi o non in accordo con la prima.

Gli esseri che fanno da ponte fra questo mondo e l'oltremondo si chiamano medium. I medium possono essere uomini, donne, animali o vegetali.

Ogni individuo, nelle giuste condizioni, può ricevere comunicazioni dagli spiriti (attraverso la sua mente inconscia profonda) messaggi extrasensoriali di avvenimenti lontani o futuri. Solitamente i messaggi riguardano argomenti importanti per chi li riceve, oppure argomenti verso i quali egli prova interesse.

Per favorire i messaggi bisogna essere con il corpo rilassato; nella mente deve esserci stato un vecchio e grande desiderio, ma in questo momento la mente è distratta e svagata. I messaggi si manifestano preferibilmente quando il soggetto svolge una vita che gli è congeniale. Allora egli diventa un ispirato. Le condizioni per ricevere i messaggi sono: il sonno, la tranquillità, la quiete che assomigliano allo stato della morte.

Fin da bambino presentivo che avrei avuto un destino speciale. Nel 1959 a 12 anni seppi che sarei diventato uno scrittore. Eppure nessuno in famiglia leggeva libri né si interessava di letteratura e nessuno mi aveva parlato della letteratura.

Il messaggio dall'oltremondo è diretto esclusivamente al destinatario e solo lui può interpretarlo. Il destinatario non può rivelarlo poiché non sarà creduto, non può diffonderlo poiché verrà deriso.

Il più comune canale di ricezione dei messaggi è il sogno. Spesso i sogni fatti all'alba e con grande carica emotiva, sono messaggi dall'inconscio e danno soluzioni a problemi oppure danno visioni del futuro. L'inconscio assomiglia a un pozzo: l'inconscio superficiale è individuale; più sotto c'è quello collettivo e più sotto c'è la porta da cui arrivano, più o meno distorti, i messaggi dello spirito guida.

A volte il sogno non è chiaro e deve essere interpretato. Più difficile da interpretare è il sogno e più grande è il divario fra conscio e inconscio del sognatore.

Secondo le mie esperienze molti sogni precognitivi si sono dimostrati esatti fin nei minimi dettagli.

VEGGENZA E PRECOGNIZIONE

Non si può dimostrare che la volontà umana può cambiare un destino. Credo che quello che accadrà domani sia già accaduto e noi lo viviamo in ritardo. Dough Steiner

Veggenza è la conoscenza di avvenimenti lontani da noi e non percepibili né con la vista, né con l'udito.

Precognizione è vedere o sognare un avvenimento futuro che deve ancora accadere.

I fenomeni della precognizione (conoscenza del futuro) pongono problemi enormi e irrisolvibili. Se possiamo conoscere il futuro significa che non siamo liberi e il futuro è un percorso già tracciato. Se invece siamo liberi, allora il futuro è plasmabile, da costruire, e quindi inconoscibile.

Non possiamo risolvere questo quesito. Forse siamo liberi nelle piccole scelte, ma nelle grandi scelte (amore, malattia, lavoro, morte, incidenti) sono già segnati. Ma questa è solamente una ipotesi.

Prendiamo in considerazione solamente i fatti. Alcune persone, anche il sottoscritto, hanno nel corso della loro vita, hanno sperimentato la veggenza e sognato eventi futuri non prevedibili che si sono verificati fin nei minimi dettagli. Ecco alcuni esempi.

63

Negli anni 60 sognai di ricevere una busta rossa con uno strano francobollo. Aprii la busta, tirai fuori la lettera e senza leggerla provai una grande delusione. Circa 2 giorni dopo, arrivò una busta rossa con uno strano francobollo commemorativo. Era un editore che mi rispondeva scusandosi per il grande ritardo. Gli avevo scritto proponendogli i miei manoscritti e lui, dopo un anno, mi rispondeva che non intendeva pubblicarli.

Nell'Ottobre 1962 ho iniziato la raccolta dei Racconti di Dracula (Una attività che ha modellato la mia vita futura. Sono diventato un esperto mondiale di questa collana). Alcune settimane prima sognai che possedevo molti Racconti di Dracula.

Nel 19?? sognai che dietro la casa ex Faggioni situata a est, c'erano fiamme altissime che salivano in cielo. Poche settimane dopo vi fu un forte terremoto in Jugoslavia.

Negli anni 60 e 70 sognai molte volte l'incontro con una ragazza sempre diversa in paesi sempre differenti. Anche questo sogno si verificò: nel 1966 a Minerbe incontrai Franca; nel 1975 a Veronella incontrai Pia; nel 1986 a Veronella incontrai Adriana; eccetera.

Nel 1975 andavo tutte le domeniche nel paese dove abitava la mia ragazza. Una domenica non la trovo al solito posto. Incomincio a passeggiare per la via, giro a destra, a sinistra c'è un sentiero campestre. Lo seguo. Arrivo in un posto alberato dove sta Pia insieme a due sue amiche e stanno raccogliendo i fiori selvatici.

Lei si stupisce e mi chiese come ho fatto a trovarla. Io avevo semplicemente camminato a caso con la mente svagata.

L'amico Giorgio mi racconta che andò a Budapest per conoscere una ragazza. Girò a casaccio per la città, prima di fermarsi per chiedere la via. La via era proprio quella che cercava.

Nel maggio 1975 la mia ragazza mi disse, alla domenica sera, prima di lasciarci: "Domenica prossima non potremo vederci."

Un pensiero mi passò per la mente "Arriveranno i suoi parenti"

Al venerdì sognai sua mamma che stava oltre un fossato. Nel sogno chiesi: "Dove è Pia?"

"All'ospedale-"

"Perché?

"Sinistro. Orecchio sinistro."

Mi svegliai; corsi a cercare Pia. Era andata all'ospedale per farsi operare il piede sinistro. Aveva una malformazione dalla nascita e aveva deciso di farsi operare. Io non sapevo nulla di tutto questo.

Anche questa volta lei mi chiese chi mi aveva informato. Non le ho parlato del sogno perché non mi avrebbe creduto.

Nell'aprile 1975 sognai quanto segue: vedevo la mia automobile Fiat 500 salire su da un abisso e io lì vicino ridevo. Mi svegliai di soprassalto sudato e agitato. Il sogno conteneva una grossa carica emotiva, ma che cosa significava? Una domenica pomeriggio di Maggio 1975, io e Renzo tornavamo da Veronella con la mia auto. A Cadellago decisi di fermarmi per orinare. Accostai la macchina su quello che sembrava un terrapieno, e sprofondai in un fosso pieno di ortiche alte 2 metri.

Uscimmo dalla cappotta e io cercai aiuto nella fattoria di fronte. Arrivò un trattore che tirò su la mia auto con una catena. Io ero lì vicino convinto che l'auto fosse tutta ammaccata. Quando l'auto salì su, tirata dalla catena, constatai che non si era fatta neanche un graffio. La tensione nervosa in me era altissima e si scaricò con una irrefrenabile risata. Allora, di colpo mi ricordai della scena del sogno: era identica.

Nel Aprile 1976 feci un altro sogno profetico. Il sogno dapprima incomprensibile, divenne chiarissimo dopo i fatti svoltisi dal 1976 fino al 1980. Ecco il sogno: mi trovo seduto scomodamente in una soffitta; un posto pericoloso e instabile, con il pavimento fragile e tarlato. Dietro di me in un angolo c'è qualcuno che sta suonando una musica meravigliosa. Io ascolto estasiato quella musica e provo una grande gioia. Però nello stesso tempo vorrei scendere giù e ascoltare la musica stando sul terreno sicuro. Davanti a me c'è una botola aperta e una scala a pioli. Ma la scala è corta e probabilmente non riuscirò mai a scendere.

Dopo un po' provo e in un attimo mi trovo giù a terra. Sembrava così difficile scendere, invece è stato facile. Qui a terra mi sento al sicuro, però succede una cosa che non avevo previsto. Non sento più la musica. Tutto è silenzio, eppure la botola è lì, aperta a 2 metri sopra di me.

Allora provo a salire la scala e metto la testa nella soffitta. Risento la musica melodiosa e affascinante e vengo rapito dal piacere. Però penso che non posso restare sempre qui, sulla scala. Devo decidere: o salgo su oppure scendo definitivamente giù e tornerò su un altro giorno.
Dopo qualche perplessità decido di scendere giù.

Al piano terra mi trovo bene, ci sono comodità, rubinetti per l'acqua e sicurezza.

Dopo molto tempo riprovo nostalgia della musica e decido di risalire nella soffitta per ascoltarla ancora. Però incredibilmente non riesco più a ritrovare la botola. La botola era lì, sopra alla mia testa, ma adesso non c'è più ed io mi sento perduto e disperato.

A questo punto mi sveglio. Sono le 6 di mattina di un giorno di Aprile 1976. Ho il batticuore e sono agitatissimo. Che strano sogno! Che cosa significherà? L'inizio del sogno si riferiva al mio stato di quel tempo, quando ero un artista ispirato ma povero; ero in una soffitta, cioè mi trovavo in una situazione precaria e desideravo scendere, desideravo una situazione sicura, una vita stabile.

Nel 1977 provai vari lavori, poi intrapresi l'attività di odontotecnico. Nel 1978 finalmente guadagnavo denaro e potevo fare progetti per il futuro. Però succedeva un fatto imprevisto: avevo perso l'ispirazione, non riuscivo più a scrivere neanche una riga! Era un fatto che non mi era mai capitato prima. (Il sogno rappresentò questa situazione così: ero sceso dalla soffitta ed ero spiacente perchè al pian terreno non udivo più la musica).

Nel 1979 abbandonai l'attività ma non completamente; avevo costruito un laboratorio mobile, cioè smontabile e montabile all'occorrenza. Poco dopo ritrovai l'ispirazione e riuscivo ancora a scrivere. (Il sogno rappresentò questa situazione raffigurandomi sulla scala, con la testa sopra la botola e il corpo sotto).

Però mi rendevo conto che non potevo proseguire così; dovevo decidere: fare l'odontotecnico oppure fare il bohemien povero ma ispirato. Dopo un dolorosissimo conflitto nel 1980 le circostanze mi spinsero a fare il bohemien. (Nel sogno invece avevo scelto la prima soluzione, cioè tenni la sicurezza e perdetti definitivamente l'ispirazione). Questo per fortuna non si è verificato, anche per merito delle circostanze. Comunque il sogno mi aveva avvertito cosa sarebbe successo se avessi scelto di fare l'odontotecnico: avrei perduto per sempre l'ispirazione.

Nell'inverno del 1980 circa sognai un toro che apparve all'orizzonte e mi corse incontro a testa bassa. La domenica successiva casualmente andai a Begosso dall'amico Giuliano che aveva una stalla di cavalli. Mentre eravamo in campagna a parlare di filosofia, un cavallo ci corse incontro a testa bassa. Poichè non c'erano ripari, io mi spostai dietro al mio amico che era alto di statura. Lui si sfilò il camice, lo tenne con il braccio disteso e il cavallo colpì il camice e passò oltre.

Negli anni 80 lavoravo troppo e facevo ricerche lunghe e impegnative. Di notte sognavo: salivo in granai, torri, soffitte e poi lassù avevo difficoltà a scendere. Quando finalmente riuscivo a scendere giù mi dicevo, nel sogno: "In futuro non salirò più così in alto".

In realtà quando riuscivo a liberarmi di un impegno, me ne prendevo un altro, e il sogno si ripeteva.

Nel dicembre 1989 sognai: cammino da solo in campagna; improvvisamente arrivano due cani neri, feroci, alti come tori. I cani mi saltano intorno, sono fortissimi e io penso che tra poco mi sbraneranno. Impaurito continuo a camminare; entro fra due paletti bianchi e continuo a camminare, a camminare... Adesso sono di nuovo solo e mi volto indietro. Vedo i cani lontanissimi e penso che ormai non potranno più raggiungermi.

Mi svegliai impaurito e sconvolto. Il sogno era chiaro: un grave pericolo mi minacciava, ma cosa era? L'anno dopo 1990, mi ammalai del morbo di Hodgkin, entrai in ospedale, interruppi le cure, rischiai di morire.

Nel 1990 ero malato e non riuscivo a sopportare la chemio. Mi trovavo in una situazione senza via di uscita. In agosto, in campagna, seduto sotto una quercia, chiesi aiuto al mio spirito guida. Gli dissi: "Se esisti, se puoi, ti prego di aiutarmi. Io ho esaurito tutte le possibilità."

Dapprima mi commutarono la chemio in radioterapie. Poi sospesi anche quelle e provai cure alternative: ascorbato, funghi, vitamina C ecc. Temevo sempre di non farcela. Invece dopo anni la malattia diminuì sempre più. La via di uscita era l'autoguarigione.

Negli anni successivi sognai spesso una bestia orrenda, tipo granchio o scorpione che tentava di mordermi le gambe nude. Io stavo dietro una lastrina di vetro che mi proteggeva. Se la bestia avesse aggirato l'ostacolo mi avrebbe raggiunto, ma la bestia era stupida e tentava di scalarlo, senza mai riuscirci.

Il significato era chiaro: la bestia era la malattia, l'ostacolo rappresentava le deboli difese del mio corpo.

Per maggiori informazioni su questi avvenimenti vedi la mia:: Autobiografia di uno Scrittore.

Nel 1998 sognai una grande quantità di sterco. Tradizionalmente nella nostra regione lo sterco simboleggia il denaro. Pochi mesi dopo morì mia zia ed ereditammo parte del patrimonio.

Nel 2001 avevo le emorroidi e non capivo da cosa erano provocate, visto che avevo eliminato carne di maiale, cioccolato e alcool. Una notte sognai: una bestiaccia (una grillotalpa) corre sul pavimento della mia stanza e va sopra un pezzo di pane. Riesco a prendere la bestia e buttarla fuori dalla finestra, ma penso che ormai il pane è stato infettato e non potrò più mangiarlo.

Nei giorni seguenti eliminai il pane biscotto, che mi piaceva molto, e guarii dalle emorroidi; il pane biscotto conteneva molto strutto che mi faceva male.

In settembre 2001 feci questo sogno: salgo su un elicottero, ma ha le eliche cortissime (sembrano 2 coltelli) e temo che non riuscirà a sollevarsi. Inoltre temo che il motore non funzioni. Metto in moto; il motore parte. Provo a sollevarmi e, inaspettatamente, l'elicottero si solleva. Salgo sempre di più. Ma davanti a me c'è un muro altissimo e temo che non riuscirò a superarlo. Mi sollevo sempre di più, ma non è sufficiente perché il muro è altissimo. Mi sollevo ancora più in alto... Finalmente, con grande apprensione, riesco a superare il muro. Adesso, oltrepassato il muro, viaggio in un grande spazio libero. Insieme a me c'è mio cugino Renzo e voliamo verso il paese di Minerbe.

Questo sogno si riferisce al problema di quel periodo. Nell'estate 2001 avevo finito il mio libro Sesso e Amore, e non riuscivo a trovare un editore. In novembre trovai un editore, ma era molto piccolo e non ero sicuro di concludere l'affare. Inaspettatamente il mio libro uscì in dicembre. (L'elicottero, anche se ha le eliche piccole riesce a sollevarsi.) Però il libro non ha successo. (L'elicottero incontra un muro altissimo, difficile da superare).

A partire da gennaio 2002 pubblico un racconto sul mensile romano Mystero. L'editore promette che successivamente pubblicherà un libro con tutti i miei Racconti Gotici. (L'elicottero riuscirà a superare il muro in agosto, quando c'è la sagra a Minerbe). L'editore Arduino

71

Sacco pubblicò il mio libro Sortilegio nel 2005. col titolo Minerbe 1966, dopo la sagra di Marzo.

Il 9 maggio 2006 sogno: mio padre ritorna da nonno Francesco (1900 1975). Io gli dico: "Papà, un'altra volta porta anche me perchè ho voglia di vedere il nonno".
Nella realtà: di pomeriggio io e papà in macchina andiamo a Legnago a comprare un condizionatore. In via Calcara papà attraversa la strada con un camion in arrivo sulla sinistra e un'auto sulla destra. Incidente evitato per un soffio.

Alcune volte ho sognato cose banali, senza importanza. Una notte sognai molti cuscinetti a sfere. Il giorno dopo andai a casa di un amico e in cortile vidi un mucchio di cuscinetti a sfere.

Ho sognato che un fabbro è venuto a casa mia e ha portato del fuoco. Il pomeriggio del giorno dopo vado in campagna e vedo quel fabbro che ha fatto un falò. Può essere una coincidenza.

Il 4 febbraio 2003 sogno quanto segue: apro la finestra e vedo il mio cortile spolverato di neve.
Pochi minuti dopo mi sveglio; sono le ore 7. Scendo giù e vedo il mio cortile spolverato di neve. Notate che nei giorni precedenti non c'era neve; questa è la prima nevicata dell'anno!

Il 31 luglio 2004 poco prima del risveglio sogno che arriva la lettera della Mondadori dove si rifiuta il mio testo.

Al mattino, la postina mi recapita un plico della Mondadori contenente il mio testo inviato il 27 maggio 2004, accompagnato dalla lettera del direttore editoriale A. F. il quale afferma che il mio testo è stato rifiutato.

Nel 2013 sognai una bella ragazza handicappata che si allontanava da me e così la perdevo. Nella realtà: In maggio visitai un vecchio palazzo. Parlai con una signorina e quando si allontanò da me notai che zoppicava. Successivamente provai a fare amicizia, ma senza riuscirci.

1 e 2 Febbraio 2008. Per due notti consecutive sogno l'amico Mario Bertelè, morto l 2 Febbraio 2002.

30 Ottobre 2019. Sogno mia nonna materna Maria Ferrarese deceduta nel 1976.
Realtà: al mattino vado a ricovero dove si trova mamma e l'infermiera mi dice: "Ho trovato la foto che aveva dato a sua mamma."

La foto di Maria Ferrarese la avevo lasciata mamma che la aveva perduta. Erano trascorsi circa 20 giorni ed io credevo fosse perduta

+++++++++

Da giovane, mia mamma appena sposata viveva in miseria. Una notte sognò la nonna Veneranda che arrivò in una macchina lussuosa. Le disse: "So che le cose non vanno bene, ma voglio aiutarti" e diede 3 numeri da giocare al lotto. Al mattino dopo, mamma giocò quei numeri ed essi uscirono la stessa settimana. Purtroppo vinse poco poichè giocò poco denaro e inoltre aggiunse il numero 47 morto che parla, il quale non uscì.

Il 2 Gennaio 2015 feci questo sogno: Scendo dalle scale di una vecchia torre. Quando sono quasi arrivato al piano terreno, mi accorgo che una trave è rotta e ha provocato una crepa nel muro. Corro giù e penso che ho fatto bene a scendere; qui c'è pericolo di crolli.
Nella realtà, pochi giorni dopo mamma si sente male, papà chiama l'ambulanza e la portano all'ospedale.

7 Maggio 2015. Sogno che arriva a casa mia il dottor Bertelè, di sera. (Nella realtà, lo aspettiamo da circa 10 giorni). Mi sveglio. Mi riaddormento e sogno per la seconda volta che arriva il dottor Bertelè, di sera.
Nella realtà, il mattino dopo arriva il dottor Bertelè per visitare mia mamma.

Ottobre 2015. Sogno un cane di media taglia che gioca con me. Pochi giorni dopo arriva un forte raffreddore.

Sogno un gattino e io salgo sul tavolo per evitarlo. Altri leggeri sintomi di raffreddore e nevralgia facciale.

20 Giugno 2018 sogno una stanza in sfacelo, d'autunno, un ramo è caduto nella stanza, i dipinti sono rovinati dall'umidità. Nella Realtà: dopo alcuni giorno vado alla fattoria in via Ca Rote e scopro che un pezzo di soffitto è caduto nella stanza bella, col grande specchio, dove facevo i video.

9 febbraio 2020 sogno. Mia mamma mi chiede: "Ti sposi Sergio?"
Realtà sera ore 19,30 a ricovero. Mia mamma è a letto, sveglia e mi chiede: "Ti sposi Sergio?"
L'ultima volta che mamma mi aveva fatto questa domanda è stato 20 o 30 anni fa.

Nel 1976 mia nonna sognò sua figlia (mia mamma) vestita a lutto, con un vestito nero. Nonna non sognava mai e la mattina che mi raccontò il suo sogno appariva serie e preoccupata. Pochi mesi dopo ebbe una paralisi e poi morì.

Mamma sognò sua madre (mia nonna) alcuni mesi dopo la sua morte; ecco il sogno: Mamma stava su una terrazza; vicino c'era un palazzo più alto con un'altra terrazza, e lassù stava sua madre. Mamma alzò il braccio per darle la mano, ma non ci arrivava; allora disse: "Mamma, che bella veduta hai da lassù".
Lei rispose: "Tutti quelli che si trovano qui hanno una bella veduta".

Significa forse che la defunta si trova in un bel ambiente?

In gennaio 1991 la signorina Borella mi pregò di portare mia mamma a casa sua poiché desiderava vederla prima di morire. La signorina stava benissimo, non era malata, e io interpretai le sue parole come una esagerazione per farmi fretta. Portai mia mamma a casa sua e restarono a chiacchierare perché erano amiche. In marzo la signorina Borella morì improvvisamente di notte nel suo letto. Evidentemente aveva avuto una precognizione.

Negli anni 80 papà fece da intermediario fra un suo amico maresciallo e l'antiquario Remigio. Remigio promise di pagare la mediazione, ma non mantenne la sua promessa. Ogni volta che lo incontravo inventava un pretesto per rimandare il pagamento, cosicché dopo anni io lo canzonavo bonariamente per la sua mancata promessa. Passarono ancora anni; un pomeriggio al mercatino di Legnago mi sentii chiamare; era Remigio che insistette per consegnarmi 10.000 lire, la mediazione che aveva promesso a mio padre. Io ero sbalordito. Tempo dopo seppi da un altro antiquario che Remigio era morto. Remigio aveva pagato il debito perché presentiva la sua morte?

Mio cugino Renzo Ferrari è morto la notte del 31 maggio 2010, di infarto. Nei 3 giorni successivi ricevo tre telefonate mute, una al giorno, in ore differenti. Alzo il ricevitore e sento segnale di occupato. Poi la quarta volta sabato 19 giugno.

Sua sorella Giuseppina mi dice: "Al mattino, quando è morto, abbiamo trovato i tuoi libri e DVD esposti in fila sul suo banco di lavoro. Ciò non era mai successo prima."

Libri e dischi erano quelli scritti da me e che avevo regalato a Renzo nel corso degli anni. Questi libri e dischi li avevo visti circa 2 anni fa, quando andai da lui per fare il video: Arte del Legno. Renzo tirò giù scatole contenenti sue sculture: cervi, teste di cavallo, eccetera. Dentro una scatola stavano i miei libri, impolverati.

Ricostruisco adesso l'ultima giornata di Renzo, domenica. Alla sera innaffia i pomodori. Va a cena. Poi va nel suo laboratorio, tira fuori i miei libri e dischi; li espone sul banco di lavoro; va a letto e di notte muore.

Il banco di lavoro è occupato con scalpelli e gambe di tavoli da intagliare. Perchè ha messo i libri là in mezzo?

Mio cugino mi ha molto aiutato nelle mie ricerche nella Bassa Veronese. Vedete la mia Autobiografia di uno Scrittore e i video su youtube; digitate sergio bissoli..

Il cugino descritto nel mio romanzo La Ragazza del Paese Stregato, è Renzo che mi ha accompagnato per molti anni. Parlo di lui anche su: Case nel Tempo. L'ultimo lavoro assieme è stato il video a Montagnana il 16 maggio 2010. Non ti rivedrò mai più. Ciao Renzo!!!

Il 16 settembre 2005 alle ore 6 di mattina faccio il seguente sogno: suona il telefono. Rispondo. E' lo zio Gino (defunto fratello di mio padre). Zio Gino mi dice che vuole parlare con mio papà. Mio papà non c'è, è andato a Verona. Zio Gino seguita a parlare con me, mi detta informazioni di elettronica per mio padre. (tutti e due sono tecnici elettronici). Alcuni avvenimenti di contorno, mi fanno capire che siamo nel tempo attuale (Rigatelli mi aspetta per riparargli la bici, eccetera).

Arriva mio padre e io sto per passargli il telefono. Inaspettatamente mio padre mi fa cenno di no, che non vuole parlare con suo fratello.

Papà va nell'altra stanza però parla forte con la mamma, e temo che lo zio Gino possa udirlo. Così copro con la mano il microfono della cornetta.

Mi sveglio sudato e tremante.

Realtà 21 settembre 2005, circa ore 16 solari. Papà apre mezzo portone per far uscire il camion di Loris. Papà sta per aprire l'altro mezzo portone. Il camion indietreggia colpendo papà alla testa.

Mi volto e vedo papà ferito per terra.

Questo sogno è stato preceduto da altri sogni, in passato che qui riassumo:

Sogno della mamma il 18 gennaio 2004. Mamma vede arrivare il fu Elso: "Sono venuto a prendere Gelmino" dice.

Mamma risponde: "Mio marito non c'è, è lontano".

Sogno mio 18 gennaio 2004: sto parlando con una donna, vicino alla scuola guida di fronte. Vedo alcune persone davanti al mio portone. Vado a vedere. C'è papà sdraiato a terra, mamma, il medico e altre persone. Papà parla ma non ricorda cosa è successo. Mamma piange. La gente dice che è stato investito da una macchina. Infatti ha escoriazioni sulle gambe (porta i pantaloni corti perché siamo estate).

Io abbraccio papà e piango. Penso: stava così bene e me lo hanno rovinato.

Nota: io e mamma sogniamo lo stesso tema nella medesima notte!

Il 22 gennaio 2007 faccio il seguente sogno: arriva in casa zio Aldo, (morto nel 1983. Nota che questa è la prima vota che lo sogno.) In saletta ci racconta dell'incidente e della sua macchia ammaccata. Mamma mi dice: "Guarda, e noi credevamo che fosse morto."

Nella realtà, di giorno, mamma sta male, va dalla ginecologa e la manda all'ospedale.

Il 10 febbraio 2007 sogno: vado a casa di zia Irma (fu sorella di mia mamma)e lei mi accoglie in sala. In cucina c'è anche nonna Maria (madre di mia mamma). Nonna dice che è vecchia. Dice che non vuole avvertire suo figlio Aldo (fu fratello di mia mamma).

Mi sveglio. Nella realtà il 15 febbraio 2007 mia mamma entra in ospedale.

1 febbraio 2011 Alle sette di mattina mi sveglio agitato per questo sogno: papà guida la macchina, non vede una buca (quella usata dai meccanici) e va dentro con le due ruote sinistre (vista dal retro). Risale con la ruota anteriore e rimane dentro con la ruota posteriore sinistra.

Lo stesso giorno papà va al supermercato con mamma e colpisce uno spigolo bucando la ruota anteriore destra.

7 settembre 2011 Sono in un cortile e vorrei uscire. C'è il portone chiuso e bisogna pagare il biglietto per uscire. Zia Irma (1920 1987) dalla portineria del cinema mi apre il cancello elettrico e posso uscire fuori.
Nella realtà, due giorni dopo mi telefona per la prima volta Giuseppe Lippi.

2018. l'amico Roberto mi aveva promesso una coppa che era in solaio. Roberto morì improvvisamente. Per telefono chiedo alla sorella di tenere la coppa per me. La sorella mi dice di andarla a prendere subito, perché stanno svuotando la casa. Ma io non posso muovermi. Una settimana dopo sogno Roberto che mi dice: "Vai a prendere la tua coppa."
Al mattino mi telefona la sorella dicendomi il nome del raccoglitore che ha comprato tutte le masserizie della casa.

Alcuni sogni si sono dimostrati errati poiché non si sono realizzati. I sogni con previsioni che non si realizzano possono essere:
dimostrazioni di cosa sarebbe successo se avessi fatto quella scelta sbagliata;
errore di interpretazione dei simboli;
può trattarsi di un sogno normale che è la realizzazione fittizia di un desiderio oppure il rendere palese un desiderio.
Non bisogna credere ciecamente a sogni e premonizioni. La possibilità di errore esiste dovunque, anche qui.

Da svegli, i messaggi arrivano solo nello stato di coscienza ipoattiva, di dormiveglia, di distrazione, con la mente svagata, con la testa fra le nuvole. L'informazione extrasensoriale è un pensiero tenue che si affaccia alla coscienza. Questo pensiero è subito seguito dal pensiero contrario che dice: "No, questo è impossibile".

L'informazione extrasensoriale può manifestarsi come un desiderio di raggiungere un obiettivo fasullo poiché il vero obiettivo importante si trova proprio lungo quella strada. Esempio: nel 1987 mi viene l'idea di provare un motorino, ma sono molto indeciso sulla strada da seguire. Arrivo per caso in un paese e là incontro una bella ragazza che mi fa trascorrere un pomeriggio piacevole.

Lo scopo principale (provare il motore) è stato il pretesto che il mio spirito guida (o la mia mente inconscia) ha adoperato per farmi raggiungere uno scopo secondario ma più importante, cioè conoscere la ragazza.

Questi sono esempi di informazioni o aiuti degli spiriti. Chi non crede negli spiriti può definirle informazioni e aiuti provenienti dalla mente inconscia profonda dell'individuo, quella mente che conosce il futuro con le sue possibilità e ramificazioni.

L'informazione utile può manifestarsi con un percorso facilitato, con buone occasioni da afferrare che si ripresentano più volte. Esempio: nel 1995 sono incerto se comprare un motorino usato; l'occasione si ripresenta spesse volte, sono facilitato, le circostanze sono favorevoli. Alla fine lo compro e scopro che ho fatto un ottimo affare.

Oppure l'informazione extrasensoriale si manifesta con piccole e continue avversità lungo il percorso che abbiamo intrapreso, per impedirci di raggiungere il risultato nefasto. Esempio: nel 1987 andai a un appuntamento a Cologna, ma a metà strada si accese la spia del generatore che segnalava un guasto, così dovetti tornare indietro. In futuro seppi che non era conveniente per me andare a quell'appuntamento.

Nel 1968 presi appuntamento con un amico per andare a visitare un bosco. Sopravvennero molte contrarietà e lottai per superarle: l'operatore cinematografico aveva la moglie incinta e mi chiese di sostituirlo; rifiutai per recarmi all'appuntamento quella sera. Ma l'amico non era disponibile, scoppiò un temporale e il progetto fallì. Le avversità erano avvertimenti, auspici; se davanti alle difficoltà avessi rinunciato al mio progetto, sarebbe stato meglio.

In casi come questi bisogna stare attenti a non cadere nella superstizione.

Dall'oltremondo lo spirito guida crea le circostanze per ottenere uno scopo. Esempio: un collezionista di fumetti muore. Gli eredi prendono alcune casse di fumetti e li scaricano nell'immondezzaio. In quel momento si trova lì un mio amico raccoglitore e recupera i fumetti. Gli eredi lo vedono e lo invitano ad andare alla loro casa per recuperare il resto della collezione. Coincidenza o aiuti dagli spiriti?

Abbiamo esaminato alcune esperienze soggettive, cioè sogni, sensazioni ed esperienze che avvengono dentro la mente del soggetto. Prenderemo in esame adesso alcune esperienze oggettive, cioè esperienze che avvengono fuori, nel mondo reale. I fatti qui raccontati sono accaduti all'autore o a suoi parenti o amici.

I medium, o veicoli del messaggio, sono persone sensibili ma talvolta sono animali come cani, gatti, cavalli o perfino ragni o insetti. Ricordo il caso storico del prigioniero che osservava i tentativi di un ragno per saltare su una mensola: 8 tentativi falliti. Anche il prigioniero aveva fallito 8 volte nel tentativo di rovesciare il governo e adesso aveva deciso di rinunciare. Al nono tentativo il ragno ebbe successo. Il prigioniero quando fu libero decise di provare la nona volta, ed ebbe successo.

A volte gli animali con il loro comportamento portano un messaggio alla persona destinata a riceverlo. Ecco alcuni esempi di animali che si comportarono in modo strano o anormale.

Nel maggio 1990 all'età di 43 anni mi trovavo all'ospedale molto malato, non sapendo se sarei sopravvissuto.

Sto guardando fuori dalla finestra quando improvvisamente vedo un cane. Il cane cammina lentamente su un marciapiede posto sotto una fila di pilastri. Io penso: "Ecco, quel cane sono io e ogni pilastro rappresenta 10 anni di vita".

10 anni, 20 anni, 30 anni, 40 anni . A questo punto il cane si ferma sotto una sporgenza di cemento; resta immobile per alcuni secondi, poi lentamente gira la testa e guarda indietro.

Io penso: "Il quarto pilastro; io ho 43 anni; l'ostacolo rappresenta la malattia; il cane si ferma e guarda indietro; significa che sto per morire."

Invece il cane lentamente raddrizza la testa e guarda davanti a sé; adesso riprende a camminare lentamente su un marciapiede più stretto.

Io penso: "Incredibile! Riesco a superare la malattia anche se mi aspetta una vita più stretta, più limitata".

Il cane prosegue passando sotto il quinto pilastro, arriva al sesto...

Io commento e lo incoraggio: " 50 anni, 60 anni. Dai, forza, cammina ancora!..."

Arrivato sotto il sesto pilastro il cane svolta bruscamente, esce fuori dal marciapiede e ritorna indietro da dove ero venuto.

Io suppongo che morirò a 60 anni; ma subito dopo penso che è impossibile e non supererò la malattia.

Dieci anni dopo, anche se stento a crederci, noto che la rappresentazione del cane si è rivelata esatta: sono nato nel 1946; a 43 anni è arrivata la malattia; ho tentato il suicidio; ho ripreso a vivere una vita più limitata; morirò a 60 anni? Ho scritto su alcuni fogli questo fatto strano e li ho spediti al professor Emilio Servadio e altri Centri di Parapsicologia. Chi desidera ulteriori informazioni legga la mia "Autobiografia di uno scrittore".

Non credo si tratti di una semplice coincidenza. Poiché è una esperienza oggettiva (non un sogno) posso spiegarla così: il cane ha fatto da medium; durante quei minuti uno Spirito ha guidato il cane che, con il suo comportamento, mi ha dato informazioni sul mio futuro. Oppure è una interpretazione fantasiosa di un fatto banale. Nel 2021 questa previsione è da considerarsi completamente errata.

Forse esistono segni, legami segreti fra gli avvenimenti. Io ho notato che prima della malattia ci sono stati avvenimenti uguali a dopo la malattia. E' come se le cose finissero nello stesso modo in cui sono incominciate. La sincronicità di Jung?

Nel 1990 un uccellino arrivò nel cortile di casa quando ero molto malato. L'uccellino picchiò al vetro, si comportò in modo gioioso, senza paura, poi scomparve. Mia mamma presagì che sarei guarito.

Nel 1998 un uccellino entrò nella stanza dove era la bara di mia zia. Era un segnale della defunta? Lo spirito della zia aveva guidato il corpo dell'uccello?

In alcune località la gente crede che il canto della civetta annunci la morte di qualcuno. Questa è pura superstizione. Però notiamo che con questa credenza (assurda e arbitraria) l'uomo ha creato un codice. E, in quella località, gli spiriti possono servirsi di questo codice per comunicare il loro messaggio; cioè far cantare la civetta per avvisare qualcuno che sta per morire. Potrebbe essere una spiegazione del perché le superstizioni funzionano solo dove la gente crede in esse.
In questi casi bisogna stare molto attenti a non essere creduloni e non cadere nella superstizione.

Medium vegetali possono essere alberi, cespugli. Fioriture fuori stagione o vegetali che mostrano anomalie possono essere messaggi. Esempio: mia zia che amava molto le rose morì. Il suo roseto continuò a fiorire fino a dicembre, con ghiaccio e nebbia. Era un messaggio della defunta per avvertire i familiari che lei esisteva ancora, oppure era un semplice caso?

Nel 1989 morì Umbero di 23 anni e fu sepolto nella tomba di famiglia a San Bonifacio Verona. Due anni dopo la tomba fu aperta per seppellire un'altra salma e si scoprì una pianta ramificata all'interno del loculo. Nel marzo 1991 sono andato a vedere, con i familiari e l'autorizzazione del Municipio. I becchini hanno sollevato la botola, siamo scesi con la scala e le pile in una stanza sotterranea, fatta di cemento e completamente buia. Sulla parete si estendeva (e c'è ancora) una ramificazione color bronzo, senza spessore come se fosse fotografata sul cemento. Probabilmente è una specie vegetale rara. E' stata provocata dal defunto per dare una sua manifestazione?

Anche gli oggetti inanimati possono essere veicoli di messaggi spiritici. Esempi: lampadine che si accendono o spengono, campanelli o telefoni che suonano, quadri che cadono, orologi che si arrestano. Lo spirito del morto vuole manifestare la sua presenza, ma poiché dispone di poca energia agisce solo su oggetti o situazioni instabili che richiedono appunto poca energia per provocare un fenomeno.
Esempio: Nel 1957 circa mio zio Gino mi regalò un orologio Lorentz. Questo si ruppe alcune volte nel corso degli anni, causa cadute. Ma nel 1994 trovai l'orologio fermo

senza causa. Alcune settimane dopo seppi che mio zio si era ammalato di cancro. Riparai l'orologio. Mio zio si fece operare e si ristabilì. Nel 1995 trovai ancora l'orologio fermo con la molla rotta. Poche settimane dopo mio zio morì.

Mia zia ci telefonava tutte le sere alle ore 17. Dopo la sua morte nel dicembre 1998, il telefono suonò ancora per due sere, alle ore 17, ma non rispondeva nessuno. Papà, che è tecnico, appurò che si trattò di un contatto dei fili.

La lampadina a orologio sistemata a casa della zia dopo la sua morte, (per tenere lontano i ladri) non si accendeva regolarmente. Papà trovò contatti difettosi.

La luce votiva posta sulla lapide della zia non si accendeva. Alcune lampadine si sono bruciate. Altri contatti.

Quasi mai avvengono le comunicazioni esagerate presenti nei film dell'orrore. Le comunicazioni sono quelle descritte da Ernesto Bozzano e cioè: orologi che si fermano; quadri che cadono; campanelli che suonano; luci che si accendono o si spengono o appaiono. Questo succede perchè lo spirito ha poca energia e può agire solo debolmente sulla materia.

Il messaggio è indirizzato a una persona e a volte è significativo solo per lui. Però anche lui può trovare difficile stabilire se si tratta di una vera comunicazione oppure di un caso. Bisogna stare attenti a non cadere nella creduloneria o superstizione.

Esistono molti resoconti di avvistamenti di fantasmi, spostamenti di oggetti, rumori, luci, odori, materializzazioni durante le sedute spiritiche. Purtroppo spesso non conosciamo né il carattere, né la psicologia dei testimoni.

Erano testimoni attendibili? Erano impostori, illusi, burloni, mitomani?

Ecco qualche caso accaduto qui nel mio paese.

Esempio: Il giornale l'Arena riportò la seguente notizia: Un bambino sano disse ai suoi genitori: "Vado via, ma poi ritorno". Poco tempo dopo il bambino morì. Il giornale cattolico interpretò la frase del bambino nel modo seguente: "Morirò ma andrò in paradiso". Io la interpreto così: "Morirò ma tornerò, cioè mi reincarnerò".

Una vecchia mi ha raccontato che suo zio, nato e vissuto in campagna, aveva grande paura dei cavalli. A 20 anni lo chiamarono per fare il soldato e lo misero nella cavalleria dove è morto per colpa di un cavallo. Forse la sua paura per i cavalli era il presentimento della sua morte, causata appunto da un cavallo.

Un mio vicino di casa mi ha raccontato che suo padre mentre era morente nel letto, gridava ai familiari: "Cacciatelo via quel vecchio che è venuto a prendermi". Nella stanza non c'era nessun estraneo. Vedeva forse il suo spirito guida?

L'amico pittore Marco di Roma mi raccontò che negli anni 80 andò a Salerno a soccorrere i terremotati. Di notte nella tenda, vide il suo compagno addormentato sulla branda e il suo doppio seduto sopra di lui.

L'amico Claudio mi raccontò che prima di ammalarsi di ulcera perforante sognò di trovarsi in un altro mondo, pieno di luce bianca e un essere gli disse: "Non è ancora arrivata la tua ora."

I figli della mia parente, signora Agnese, mi dicono: nostra madre, 84enne, in coma sul letto dell'ospedale, parla con i morti: con sua mamma, sua nonna, suo cugino, tutti morti. Si tratta di contatti con l'oltremondo o di allucinazioni?

Racconto un'altra mia esperienza: negli anni 70 feci amicizia col meccanico Gigi poiché avevamo molti interessi in comune. Gigi era nato nel 1916 e mi disse che se fosse morto per primo sarebbe ritornato, nel modo possibile. Mi disse: "Ti dirò una cosa che solo mia moglie sa, e tu dovrai andare da lei per la conferma."
Negli anni 80 Gigi mi ripeté la stessa promessa. Egli morì nel 2001, mentre sua moglie era ancora vivente. Io speravo di vederlo in sogno, ma non è mai successo, nemmeno negli anni successivi. Gigi non ha voluto o potuto mantenere la sua promessa.

Domenica 5 luglio 2009 sogno: sono nel negozio di mio papà. Suona il telefono, alzo, sento male: "Lei è Bissoli Sergio?" "Sì" rispondo. Poi non sento altro. In tarda mattinata suona ancora il telefono con trillo basso; alzo. "Lei è Bissoli Sergio?" "Sì". "Il suo orologio è pronto. Venga a prenderlo." "Quale orologio?" "L'orologio d'oro. Quello che si era rotto quando lei si è ammalato. Adesso è riparato. Venga a prenderlo." "Chi è lei? Dove devo venire?" "... In vicolo cieco..." Fine della telefonata. Entro in cucina. C'è mamma. Arriva Renato sul fornello bruciano gli spaghetti. Chiamo papà. Risveglio.

Nessun riscontro per questo sogno.

Nel Luglio 2010 dovevo andare a operarmi (togliere un polipo nell'intestino) ed ero preoccupato. Un pomeriggio nel sottopasso un camion ha paura di attraversare il tunnel. Io lo guido, guardando sopra il parapetto. Sì, il camion passa con facilità e il guidatore mi ringrazia suonando il clacson.

(anche l'operazione che mi spaventava, sarà facile.)

Quando scendo dal parapetto il salto è alto e imprevisto. (il post operatorio sarà imprevisto e doloroso).

Settembre 2016 sogno Giordano, un conoscente morto da oltre 10 anni. Nella realtà, al mattino dopo mamma cade e si ferisce la testa.

3 Aprile 2020. Da giugno 2019 fino al 2 marzo 2020 sono andato tutti i giorni a Ricovero a far compagnia a mia mamma. Avevo sempre con me una borsa verde con gli oggetti per lei: pettine, specchio, giornali, talco, crema, rossetto, registratore ecc. Dopo hanno bloccato gli ingressi causa virus e non sono più entrato. Mamma morì il 31 marzo. Al 2 aprile il funerale. La borsa la avevo svuotata e posta sopra altri oggetti in garage. Al 3 aprile, di mattina sono entrato in garage e ho trovato la borsa sul pavimento. Un segnale di mamma o semplice coincidenza??

Febbraio 2022 sogno fiamme alte che escono dalle finestre di un edificio. Due o tre giorni dopo si incendia il palazzo di Ugo Bertelè, in via Guanti.

****

Avevo circa 13 anni. I miei genitori mi portarono a
Verona per visitare la città. Entrammo nella biblioteca di Via
Cappello. Nel salone di ingresso c'erano molti busti in pietra
di scrittori famosi. Io dissi: "Un giorno qui metteranno anche
l mio busto"

Papà e mamma si stupirono molto di queste mie parole.
Mi sembrava di aver detto una cosa normalissima.

Havelok Ellis nella vecchiaia scrive: "Il lavoro per
realizzare il quale sono nato, è compiuto."

Esiste un destino predeterminato???

Una signora da Venera racconta: da ragazza, prima
ancora di conoscere il mio futuro marito, io facevo un
sogno ricorrente. Sognavo una donna bionda.
Successivamente conobbi un giovane e ci fidanzammo.
Anche in quel periodo il sogno si ripeteva. Poi ci
sposammo e col passare del tempo arrivarono due figli.
Io talvolta sognavo ancora la donna bionda. Un giorno
mio marito sparì di casa. Abbandonò me e i figli per
andare a vivere insieme con una donna bionda. Il mio
sogno si era realizzato.

Una donna racconta: Nel 1953 avevo 14 anni. Una notte
vidi un uomo vicino al mio letto. Indossava una tunica rossa e
teneva una candela accesa davanti alla pancia. Io gridai. La
mamma accese la luce e l'uomo non c'era più. Poi spense la
luce e l'uomo era ancora lì

Sei mesi dopo mi ammalai di peritonite e rischiai di morire.

L'amico Roberto racconta:
Mio padre è morto giovane, di cancro, a soli quarantun anni. Quando è venuto a mancare io avevo diciassette anni ed ero solo il "bocia" cioè un apprendista, o poco più, nella sua bottega. Avevamo un operaio ma dopo un paio di anni andò a militare e non tornò più, andò a lavorare da Tosano. Ho dovuto arrangiarmi da solo per continuare l'attività di papà, non avendo una vera scuola dietro di me. Ancora adesso, parlando con altri falegnami, mi rendo conto che spesso ho trovato delle soluzioni mie a problemi che gli altri risolvono in modo più "canonico". Mio padre invece era un falegname completo, aveva fatto anche la scuola di disegno, sapeva fare qualunque tipo di mobile, anche il "700 veneziano che è difficilissimo e sapeva anche intagliare molto bene. Negli anni '70 decise di buttarsi sui tavoli perché più veloci da fare. Meno gloria ma più soldi, c'era da farsi la casa. Col tempo cominciarono ad essere richiesti i tavoli allungabili. Lo avevo visto, di sfuggita, solo una volta, costruire uno di quei tavoli. Avevo circa venti anni e un cliente abituale mi chiese di fare un tavolo con quattro prolunghe e le gambe che si sdoppiassero. Dovetti accettare per più di un motivo: il lavoro, dopo la morte di mio padre, era molto diminuito. Parecchi dei suoi clienti, non fidandosi di un ragazzo e di una donna, mia madre, ci abbandonarono. Il cliente va sempre accontentato, se lo deludi, ti lascia (un po' come fanno le fidanzate) per un altro. Poi io ero molto orgoglioso, dover ammettere di non essere capace mi dava fastidio. Provai a costruirlo ma dopo qualche giorno e parecchie bestemmie, mi

resi conto che ero in difficoltà. La sera andai a dormire malcontento. Sognai mio padre (non succede quasi mai) ricordo che lo vedevo molto bene e sorridente. Di solito lui non rideva mai, aveva un brutto carattere. Solamente insieme agli amici e con qualche bicchiere di vino, lo vedevo sorridere. Eravamo in bottega proprio davanti al tavolo. Io ero disperato, con le mani nei capelli. Mi disse: " Come mai merlo, (spesso mi chiamava "merlo") non dirmi che non riesci a farlo? " Io piangevo di rabbia: "Non ce la faccio, tu sei andato via e non mi hai insegnato quasi niente!"
Lui sorrise di nuovo, dicendo: " Non preoccuparti, non è difficile, guarda, basta fare così, e così, poi così..."
In pratica, mi insegnò in sogno come dovevo fare. Al mattino dopo, mi ricordavo tutto perfettamente. Seguendo le istruzioni del sogno, riuscii a fare quel tavolo. Il cliente fu contento ed io ancora adesso so fare quei tavoli. Ogni volta che faccio un tavolo con quattro prolunghe e le gambe che si sdoppiano, non posso fare a meno di pensare al mio papà.

+++

30 Marzo 2021 sogno: siamo seduti a tavola io, papà e mamma. Mamma dice: "Mi dispiace non essere più con voi."
Io rispondo: "Ma tu sei qui."
Mamma: "Uhm…"
Questo sogno l'ho fatto nell'anniversario della sua morte.

SPIRITISMO E LETTERATURA

La letteratura è lo specchio della vita. La letteratura è la vita vista dentro uno specchio. La letteratura è importantissima perché rappresenta le esperienze fittizie, la vita virtuale.

La vita serve per fare esperienze. Quindi la letteratura è importantissima poiché permette all'uomo di aumentare le conoscenze imparando le esperienze di altre persone vissute lontano da noi e ora morte.

La letteratura aiuta a conoscere se stessi, le persone, la vita e il mondo. La letteratura approfondisce le conoscenze e impariamo le cose in minor tempo.

Naturalmente la letteratura non può sostituire le esperienze. Ma dopo aver letto una esperienza siamo avvantaggiati. Per imparare una esperienza in modo approfondito bisogna rifarla molte volte; per mezzo della letteratura impariamo l'esperienza in modo approfondito rifacendola solamente poche volte.

La letteratura è un acceleratore di evoluzione, consente di avanzare sulla scala dell'evoluzione abbreviando o saltando vite ed esperienze sgradevoli.

Io che sono scrittore quando sarò nell'oltremondo spero di incontrare tutti gli scrittori dei quali ho amato le loro opere, spero di poter conversare con loro, spero di intrattenermi con loro. Mi sento debitore verso questi scrittori per i loro insegnamenti, per i loro aiuti, per i momenti sublimi che mi hanno donato con i loro scritti, che mi hanno reso più piacevole la vita.

A mia volta io mi sento creditore verso tutti quei lettori che ho aiutato, ai quali ho insegnato e ai quali ho regalato momenti piacevoli.

Se esiste la reincarnazione, nella prossima vorrei fare l'esperienza del medium, del guaritore di mali fisici e psichici. Sento che mi manca questa esperienza e desidero compierla.

Il cinema ha trattato con competenza la reincarnazione nelle seguenti Opere:

Max Ehrlich La reincarnazione di Peter Proud ridotto in film nel 1975 col titolo Il misterioso caso Peter Proud.

L'uomo che visse due volte film del 1957.

Audrey Rose 1977.

La letteratura ha trattato con competenza il tema dello spiritismo nelle seguenti Opere:

Algernon Blackwood La casa nel passato (racconto.)

Saki Laura racconto.

Jack Williamson Il freddo occhio verde.

Charles J. Benfleet L'uomo che odiava le mosche.

Morey Bernstein Alla ricerca di Bridey Murphy (romanzo).

Algenoon Blackwood La casa vuota (racconto).

Rosemary Timperley Harry; Per tenergli compagnia; (racconti).

LIBRI CONSIGLIATI

Allan Kardec
Il libro degli spiriti
Il libro dei medium Edizioni Mediterraneee
D. Scott Rogo Telefonate dall'aldilà Editore Siad
Celia Green Apparizioni Editore Astrolabio
Eileen Garret Vita da medium Editore Astrolabio
Lesile Flint Voci nel buio Editore Astrolabio
Elisabetta d'Esperance Il paese dell'ombra Edizioni Gattopardo
Nils Olof Jacobson Vita dopo la morte? Editore Sugar
Morey Bernstein Alla ricerca di Bridey Murphy Editore Mondatori
Cyril Permutt Obiettivo sull'aldilà Edizioni mediterranee
Jane Roberts Dialoghi con Seth
Le comunicazioni di Seth Edizioni Mediterranee
Rainer Holbe Immagini dal regno dei morti Edizioni Mediterranee
Peter Underwood The ghost hunter's guide Blandford press
Paul Chadwick La terapia cognitiva per i deliri, le voci, la paranoia Editore Astrolabio.
Edwar M. Podvoll La seduzione della pazzia Editore Astrolabio.

INDIRIZZI UTILI

The spiritualist of Great Britain
33 Belgrave square   London sw1x 8qb England

The society for psychical research
49 Marloes road   kensington
London w8 6la England

Society of metaphysicians
Archers' court Stonestile lane   the ridge
Hastings Sussex tn35 4pg England

Psychic News
Clock cottage Britten house Standsted hall
Standsted Essex cm24 8ud   England

The ghost club
17 Berystede kingston hill Kingston upon   Thames
Surrey kt2 7pq   England

Two worlds
7 leather market Weston street London se1 3er England

the Pagan federation
BM Box 7097 London wcin 3xx England

National spiritualist association
13 cottage row Lily dale New York 14752 USA

Circle
Box 219 Mount Horeb Wisconsin 53572 USA

Continuing life research
p.o. box 11036 Boulder Colorado co 80301 USA

Set network international
p. o. box 1620 Eugene Oregon 97440 USA

Ueri geller encounters
Paragon house st. Peter road   Bournemouth bhi 2js
England

Luce e ombra
Piazza Azzarita 5 40122 Bologna

Istituto per la ricerca ipotesi della sopravvivenza
Via belvedere 87 80127 Napoli

Associazione per gli studi psichici
Via Mancini 3   63023 Fermo Ascoli Piceno

Cerchio Ifior Associazione Insieme
Genova

Centro metafonia e metavisione
Via solforino 7   33100 Udine

Marcello Bacci Grosseto
Dottor Paolo Presi Udine

STESURA 2002
REVISIONE Maggio 2016   Marzo 2021
Ultima revisione febbraio 2022

www.ingramcontent.com/pod-product-compliance
Lightning Source LLC
Chambersburg PA
CBHW060426290526
45791CB00002B/881